Jana Friedmann, Hans Steyer, Daniela Weckerle

Wirtschaft und wir

Arbeitsheft

Fachstufe II

1. Auflage

Bestellnummer 36776

Bildungsverlag EINS

Haben Sie Anregungen oder Kritikpunkte zu diesem Produkt?
Dann senden Sie eine E-Mail an 36776_001@bv-1.de
Autoren und Verlag freuen sich auf Ihre Rückmeldung.

Die in diesem Produkt gemachten Angaben zu Unternehmen (Namen, Internet- und E-Mail-Adressen, Handelsregistereintragungen, Kontonummern, Steuer-, Telefon- und Faxnummern und alle weiteren Angaben) sind i. d. R. fiktiv, d. h., sie stehen in keinem Zusammenhang mit einem real existierenden Unternehmen in der dargestellten oder einer ähnlichen Form. Dies gilt auch für alle Kunden, Lieferanten und sonstigen Geschäftspartner der Unternehmen wie z. B. Kreditinstitute, Versicherungsunternehmen und andere Dienstleistungsunternehmen. Ausschließlich zum Zwecke der Authentizität werden die Namen real existierender Unternehmen und z. B. im Fall von Kreditinstituten auch deren Bankleitzahlen, IBAN- und Swift-Codes verwendet.

www.bildungsverlag1.de

Bildungsverlag EINS GmbH
Hansestraße 115, 51149 Köln

ISBN 978-3-427-**36776**-5

Inhaltsverzeichnis

Bildquellenverzeichnis

Bildungsverlag Eins GmbH, Köln: 7.2, 7.3
Angelika Brauner, Hohenpeißenberg/ Bildungsverlag EINS GmbH, Köln: 29.1
dpa Picture-Alliance GmbH, Frankfurt: 12.3, 12.4, 12.5, 14.1, 14.2, 14.3, 15.1, 15.2, 17.1, 17.3, 19.1, 21.1, 23.1, 24.1
DGM, Fürth: 12.1
fotolia: 5.1 (Anja Krummeck), 5.2, 5.3 (Arcady), 9.1 (Thomas Aumann), 11.1 (Sandor Jackal), 11.2 (Visual Concepts), 11.3 (Berlin Stock), 11.4 (Jan Engel), 13.1 (tinadefortunata), 14.4 (cherezoff), 16.1, 16.2, 16.3, 16.4, 16.5 (Emir Simsek), 17.2 (Deminos), 25.1, 25.2 (Natis)
FSC Arbeitsgruppe Deutschland e.V., Freiburg: 12.2
Gehard Mester, Wiesbaden: 18.1, 27.1
MEV Verlags GmbH, Augsburg: Cover, 38.1, 44.1
RAL Deutsches Institut für Gütesicherung und Kennzeichnung e.V., Sankt Augustin: 12.1

Vorwort

Liebe Schülerinnen und Schüler,

mit dem vorliegenden Arbeitsheft können Sie sich selbstständig die Lerninhalte des Lehrbuchs „Wirtschaft und WIR" erarbeiten. Es kann als begleitende, ergänzende und vertiefende Unterrichtshilfe eingesetzt werden.

Durch die grundlegende Überarbeitung und Erweiterung liegt für jedes der drei Ausbildungsjahre ein separates Arbeitsheft vor.

Die Arbeitsblätter orientieren sich am Aufbau der Kapitel des Lehrbuchs und decken alle wesentlichen Lerninhalte ab. Die Lehrplaneinheit und das zu bearbeitende Thema werden in der Kopfzeile genannt. Vereinfacht wird die Bearbeitung durch den angegebenen Seitenbezug zum Lehrbuch.

Einleitende Erklärungstexte erleichtern den Einstieg ins Thema. Sie können sich dann die Grundlagen eines Themas erarbeiten. Anschließend können Sie ihr Wissen in den mit Stern gekennzeichneten Aufgaben vertiefen.

Die Aufgaben sollten von Ihnen selbstständig erarbeitet werden. Teilweise sind die gestellten Aufgaben aber auch als Partner- oder Gruppenarbeit im Unterricht durchzuführen.

Die Aufgaben sind methodisch und didaktisch abwechslungsreich gestaltet. Teilweise befinden sich am Ende der Kapitel zusammenfassende und wiederholende Arbeitsaufträge.

Wir hoffen, dass unsere Arbeitsblätter Ihr Interesse für wirtschaftliche Themen wecken.

Die Verfasser

Name: **Klasse:** **Datum:**

Wenn Angebot und Nachfrage nach einem Gut zusammentreffen, bildet sich ein Markt. Das Verhalten der Marktteilnehmer hängt wesentlich davon ab, wie viele Anbieter und Nachfrager es für ein Gut gibt.

1. *Um welche **Marktarten** handelt es sich bei folgenden Beispielen?*

a) Der Auszubildende Caner Burak sucht dringend eine günstige Wohnung in Stuttgart.

____

b) Die Meier AG nimmt für den Bau einer neuen Lagerhalle einen Kredit bei ihrer Hausbank auf.

____

c) Anna Schmid bewirbt sich bei verschiedenen Unternehmen um einen Ausbildungsplatz.

____

d) Jenny Richter lässt sich von ihrem Friseur die Haare färben und schneiden.

____

2. *Welche **Marktformen** lassen sich den folgenden Beschreibungen zuordnen?*

Viele Anbieter und viele Nachfrager	Wenige Anbieter und viele Nachfrager	Ein einziger Anbieter und viele Nachfrager

______________	______________	______________

3. *Stellen Sie den Zusammenhang*
Anzahl der Anbieter <-> Marktmacht <-> Preise <-> Wettbewerb
durch die Ergänzung folgender Sätze her.

*Setzen Sie dabei die Begriffe **geringer bzw. größer** ein.*

Je ***geringer*** die Zahl der Anbieter, desto ***größer*** ist die Marktmacht der einzelnen Anbieter.

Je ____________ die Zahl der Anbieter, desto ____________ ist die Möglichkeit zur Beeinflussung des Preises auf dem Markt.

Je ____________ die Zahl der Anbieter, desto ____________ ist der auf diesem Markt herrschende Wettbewerb.

Je ____________ die Intensität des Wettbewerbs, desto ____________ Marktmacht hat der Einzelne.

Je ____________ die Marktmacht, desto ____________ sind die Möglichkeiten der Preisbeeinflussung.

Name: **Klasse:** **Datum:**

4. *Ordnen Sie die folgenden Märkte den verschiedenen Marktformen zu.*
(Hinweis: Bei bis zu 14 Anbietern spricht man noch von wenigen Anbietern.)

Märkte	Angebotsmonopol	Angebotsoligopol	Angebotspolypol
Fastfoodanbieter einer großen Stadt			x
Müllabfuhr			
Mobilfunkanbieter			
Lebensmittelmarkt			
Kinos			
Markt für Getränke			
Staatliche Lotterie			
Neuwagenmarkt			
Städtische Wasserwerke			
Sammler bietet einmaliges Gemälde zum Verkauf an			
Hersteller von Lkw-Reifen			
Unterhaltungselektronik			
ebay			

★ **5.** *Ordnen Sie die folgenden Aussagen den verschiedenen Marktformen zu.*

Aussage	Angebotsmonopol	Angebotsoligopol	Angebotspolypol
Keiner der Anbieter ist groß genug, um den Marktpreis zu beeinflussen.			
Forschungs- und Entwicklungskosten in Millionenhöhe erschweren den Markteintritt für Mitbewerber.			
Es fehlen oftmals Privathaushalte als Abnehmer oder die Produkte sind zu kostspielig.			
Die Auswahl der Produkte ist kaum überschaubar.			
Es gibt kaum technischen Fortschritt und eine nur geringe Auswahl wegen fehlender Wettbewerber.			
Durch den oft großen Preisdruck der Wettbewerber kommt es häufig zu Qualitätseinbußen.			

Name: **Klasse:** **Datum:**

Angebot und Nachfrage führen zur Entstehung des Marktpreises. Der Gleichgewichtspreis ist der Preis, zu dem so viel angeboten wird, wie nachgefragt wird. Er liegt im Schnittpunkt der Angebots- und Nachfragekurve.

1. *Welche Marktform ist aus der Sicht der Verbraucher die günstigste? Begründen Sie.*

	Anbieter	Nachfrager
Angebots-monopol		
Angebots-oligopol		
Polypol „vollständige Konkurrenz"		

2. *Wie bildet sich der Marktpreis beim Polypol?*

3. *Beschreiben Sie die in den beiden Grafiken dargestellten Marktsituationen und treffen Sie eine Aussage zum Marktpreis.*

Name: **Klasse:** **Datum:**

4. An einer Wertpapierbörse werden für eine Aktie folgende Aufträge erteilt:

a) *Stellen Sie Angebot und Nachfrage in einem Koordinatensystem dar. (x-Achse: 500 Stück ≙ 1 cm, y-Achse: 0,20 EUR ≙ 1 cm).*

b) *Ermitteln Sie das Marktgleichgewicht.*

Kurs in EUR	Verkaufsaufträge in Stück	Kaufaufträge in Stück
1,00	1.400	4.200
1,20	2.000	3.400
1,40	2.600	2.600
1,50	2.900	2.200
1,60	3.200	1.800

c) *Wie ist die Marktsituation bei einem Kurs von 1,20 EUR? Welche Auswirkungen auf den Kurs sind zu erwarten?*

Name: **Klasse:** **Datum:**

Bei einer Marktform mit vielen Nachfragern und nur einem Anbieter spricht man von einem Angebotsmonopol. Der Monopolist kann den Marktpreis und die angebotene Menge frei bestimmen.

1. *Nach welchen Kriterien wird ein privater Monopolist den Preis festsetzen?*

____

____

2. *Weshalb gibt es in unserer marktwirtschaftlichen Ordnung öffentliche Monopole? Nennen Sie zwei Beispiele.*

____

____

____

____

____

★ **3.** *Beantworten Sie folgende Fragen. Tragen sie die richtige Antwort(en) in das nebenstehende Kästchen ein.*

Wie wirkt sich das Vorhandensein von privatwirtschaftlichen Angebotsmonopolen auf den Markt aus? ☐

a) *Es wird weniger angeboten und die Güter sind teurer. Der Angebotsmonopolist hat eine große Marktmacht und kann willkürlich die Preise festlegen.*

b) *Es wird mehr angeboten und die Güter sind preisgünstiger. Der Angebotsmonopolist hat eine geringe Marktmacht und muss seine Preise dem Markt anpassen.*

c) *Das Vorhandensein von Angebotsmonopolen hat keinen Einfluss auf das Marktgeschehen. Angebot und Nachfrage sorgen dafür, dass sich ein Marktgleichgewicht einstellt.*

Welche Faktoren bedrohen ein bestehendes Angebotsmonopol? ☐ ☐

a) *Abwandernde Nachfrager und das Verhalten der Konkurrenten können sich negativ auf die Marktsituation des Monopolisten auswirken.*

b) *Die Entwicklung von Substitutionsgütern (Ersatzgütern) durch andere Anbieter kann dazu führen, dass der Monopolist in seinem Preisverhalten eingeschränkt wird.*

c) *Der Staat kann durch die Missbrauchsaufsicht des Bundeskartellamts bei überhöhten Preisen dieses Verhalten des Angebotsmonopolisten untersagen.*

d) *Überhöhte Preise und eine Angebotsverknappung durch den Monopolisten führen immer zu einer starken Abnahme der Nachfrage.*

Name: Klasse: Datum:

Oligopolmärkte sind in entwickelten Volkswirtschaften sehr häufig anzutreffen. Der Oligopolist hat bei seiner Preispolitik nicht nur das Verhalten der Nachfrager, sondern auch mögliche Reaktionen seiner Mitbewerber zu bedenken.

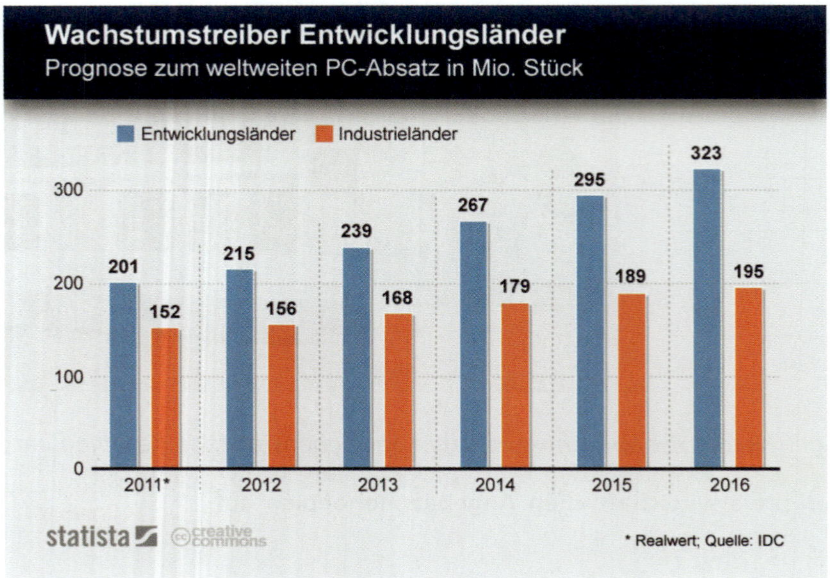

Computer-Preise auf Sinkflug: PC-Preise haben sich seit 2005 halbiert

Doppelte Leistung – halber Preis. Die Preisspirale dreht sich in der Computer-Industrie immer schneller. Nach unten, versteht sich. Denn billiger als zur Zeit waren Rechner, ebenso Laptops wie Desktop-PCs, noch nie.

Vgl.: Alex Reiger, [CeBit] Computer-Preise auf Sinkflug: PC-Preise haben sich seit 2005 halbiert, 02.03.2010, http://www.techfieber.de/2010/03/02/cebit-cebit-computer-preise-auf-sinkflug-preise-fur-rechner-haben-sich-seit-2005-halbiert/, [25.02.2013]

4. a) *Erläutern Sie die Aussage der Grafik und des Textes.*

b) *Im Zusammenhang mit dem Preisverfall auf dem PC-Markt ist oft von einem „Preiskampf" die Rede. Was ist damit gemeint?*

c) *Beurteilen Sie den Preiskampf aus der Sicht der Nachfrager.*

Name: Klasse: Datum:

Beim Angebotsoligopol wird die Preisbildung neben dem Verhalten der Nachfrager auch von den Reaktionen der Konkurrenten bestimmt.

Lesen Sie folgende Informationstexte und ergänzen Sie dann die Tabelle auf der nächsten Seite.

Neue Rekordpreise für Benzin, Diesel und Heizöl

Pünktlich zum langen Wochenende haben die Kraftstoffpreise in Deutschland neue Rekordhöhen erreicht. Ein Unternehmen erhöht die Preise und binnen kurzer Zeit ziehen alle anderen Anbieter nach. Als Ursache für die hohen Preise an der Zapfsäule geben die Mineralölunternehmen die festen Notierungen für Öl und Ölprodukte an den internationalen Rohstoffbörsen an. Dennoch erzielen die Mineralölkonzerne jährlich Gewinne in Milliardenhöhe.

Vgl. http://newsticker.sueddeutsche.de

Preiskampf bei Lebensmitteldiscountern

Bei den Lebensmitteldiscountern kommt es immer wieder zu Preisoffensiven. Die Kunden können sich zunächst auf Preissenkungen freuen. Das Ziel der Offensiven ist jedoch langfristig, die Marktanteile zu erhöhen.

Preiskämpfe zwischen verschiedenen Anbietern können zu ruinösem Wettbewerb führen.

Wenn z. B. ein Unternehmen nur dann überleben kann, wenn es eine bestimmte Größe erreicht, wird es versuchen, Konkurrenten mit Dumping-Preisen aus dem Markt zu drängen. Das gleiche Mittel wird eingesetzt, um Konkurrenten in die Knie zu zwingen und auf diese Weise Marktanteile zu gewinnen. Wenn andere Marktteilnehmer aus dem Markt ausgeschieden sind, können dann die Preise wieder erhöht werden.

Vgl. Dr. Jürgen Glaubitz, ver.di, Ruinöser Wettbewerb, 2007, http://www.verdi-bub.de/index.php?id=547, [14.11.2012]

Preisabsprache-Verdacht – Süßwarenhersteller verweisen auf Rohstoffpreise

Führende Süßwarenhersteller in Deutschland stehen immer wieder im Verdacht, die Verbraucher durch verbotene Preisabsprachen zu schröpfen.

Das vorrangige Ziel solcher Preisabsprachen ist es, durch das Ausschalten des Wettbewerbs höhere Gewinne zu erzielen. Doch die Hersteller verweisen auf steigende Rohstoffpreise. Aufgrund konkreter Hinweise, dass die betroffenen Unternehmen mit den Absprachen Preisanhebungen spürbar über dem Kostenanstieg durchsetzen wollten, kam es bei den großen Herstellern in der Vergangenheit schon mehrmals zu Kontrollen des Bundeskartellamts und zu der Androhung von Bußgeldern.

Qualitätswettbewerb nimmt immer mehr zu

Ob Autoindustrie, Möbelhersteller oder elektronische Geräte, Garantiezeiten werden erhöht und ohne „Qualitätssiegel“ verkaufen sich viele Produkte auf dem deutschen Markt immer schlechter.

Neben TÜV, Stiftung Warentest und anderen Verbraucherorganisationen mit staatlichem Auftrag, kommen jedes Jahr neue, meist branchenspezifische Gütesiegel auf den Markt. Der Wettbewerb um den Kunden wird immer häufiger nicht mehr über den Preis, sondern über die Qualität und den Service ausgetragen.

Name: Klasse: Datum:

	Qualitätswettbewerb	Preisführerschaft	Preisabsprachen	Preiskampf
	Gütezeichen: Geprüfte Qualität, Garantierte Sicherheit, Gesundes Wohnen – ...erkennen Sie an diesem Zeichen; FSC			
Beispiel	Möbelindustrie, Deutsche Gütegemeinschaft Möbel (Geprüfte Qualität, Garantierte Sicherheit, Gesundes Wohnen),			
Vorgehensweise				
Ziel				
Preisentwicklung			überhöhte Preise	
Folgen				

Name: Klasse: Datum:

Um im Wettbewerb zu bestehen, arbeiten Unternehmen immer häufiger mit anderen Unternehmen zusammen. Kooperieren die Unternehmen, bleibt ihre Selbstständigkeit weitgehend erhalten, bei Zusammenschlüssen (Konzentration) geben Unternehmen ihre Selbstständigkeit durch Kapitalbeteiligung anderer Unternehmen oder durch die vollständige Übernahme anderer Unternehmen ganz oder teilweise auf.

1. *Unternehmenszusammenschlüsse können auf horizontaler, vertikaler oder diagonaler Ebene erfolgen. Ergänzen Sie mithilfe der nachfolgend aufgeführten Begriffe und Beispiele das Schaubild.*

Begriffe/Beispiele: Schuhfabrik, Biobäckerei (2x), Diagonaler, Einzelhandel, Horizontaler, Bauunternehmen, Biobauer, Vertikaler

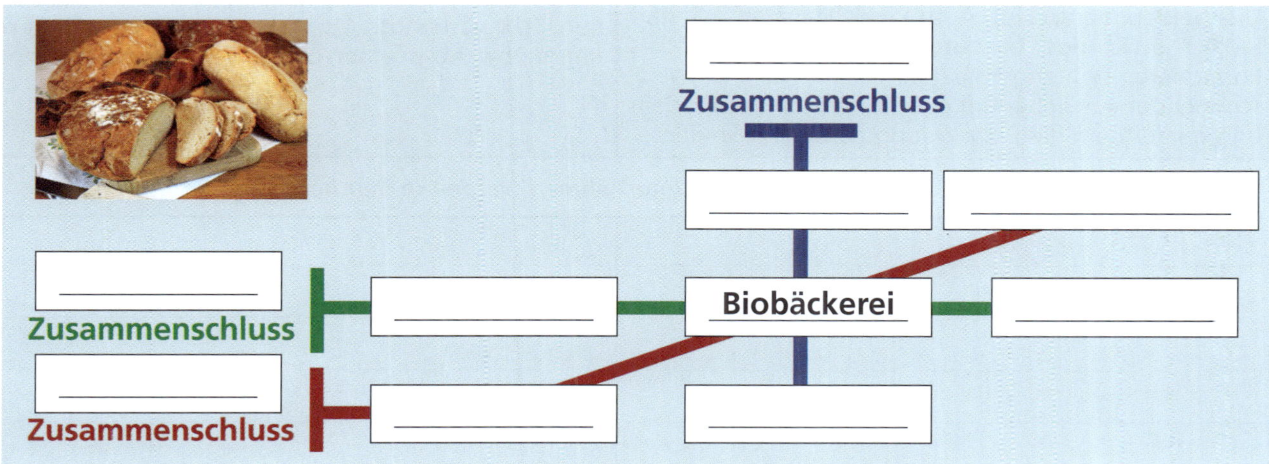

2. *Erläutern Sie die Formen der Zusammenschlüsse.*

Horizontaler Unternehmenszusammenschluss

Die Biobäckereien schließen sich zusammen, um z. B. gemeinsam Werbung für ihre Bioprodukte zu machen,

Vertikaler Unternehmenszusammenschluss

Diagonaler Unternehmenszusammenschluss

Name: **Klasse:** **Datum:**

3. *Bei Unternehmenskooperationen arbeiten Unternehmen auf begrenzten Arbeitsgebieten zusammen und geben ihre wirtschaftliche Unabhängigkeit teilweise bzw. vorübergehend auf.*

Kooperation für schnellere Entwicklung

Die beiden deutschen Autobauer Daimler AG und BMW sowie der US-Autogigant General Motors kooperieren seit langem bei der Entwicklung umweltschonender Antriebe, um das Fachwissen zu bündeln und gemeinsam die Entwicklung zu beschleunigen.

Rüge für unerlaubte Tarifabsprachen

Gegen sieben öffentlich-rechtliche Versicherer hat das Bundeskartellamt Bußgelder von mehr als 20 Millionen EUR verhängt. Als Grund nannte die Behörde, unerlaubte Absprachen bei Tarifen und Bedingungen.

a) *Welche Formen der Zusammenarbeit von Unternehmen werden in den Beispielen dargestellt?*

b) *Beurteilen Sie die Auswirkungen für die Kunden der Unternehmen.*

c) *Unter welchen Bedingungen können Kartelle zugelassen werden?*

Name: **Klasse:** **Datum:**

1. *Im Wirtschaftsteil der Tageszeitungen wird immer wieder von Unternehmenszusammenschlüssen berichtet.*

Adidas weltweit auf Platz zwei

Durch die Übernahme von Reebok ist Adidas nach dem Weltmarktführer Nike mit einem Jahresumsatz von weit über 10 Milliarden EUR zum zweitgrößten Sportartikelhersteller der Welt geworden. Reebok besteht jedoch unter eigenem Namen in der Unternehmensgruppe fort.

DHL Supply Chain weltweiter Branchenführer

Die Deutsche Post wuchs seit ihrer Privatisierung vor allem durch Unternehmenskäufe, darunter zum Beispiel des britischen Logistikunternehmers Exel. Durch die Übernahme des britischen Konkurrenten hat sich die Deutsche Post AG an die Spitze der europäischen Logistik-Unternehmen gesetzt. Der Name des Unternehmens lautet vollständig „DHL Supply Chain".

a) *Erläutern Sie die Form der beiden Zusammenschlüsse.*

b) *Welche Vorteile ergeben sich für die beteiligten Unternehmen?*

c) *Beschreiben Sie mögliche Nachteile für die Allgemeinheit.*

Name: **Klasse:** **Datum:**

2. *Welche Behörden sind zuständig für die Kontrolle von Unternehmenszusammenschlüssen?*

3. *Welche Aufgaben haben die Wettbewerbsbehörden bei Zusammenschlüssen?*

4. *Auf welche Art und Weise wird die Verschmelzung von Unternehmen in den folgenden Darstellungen vorgenommen?*

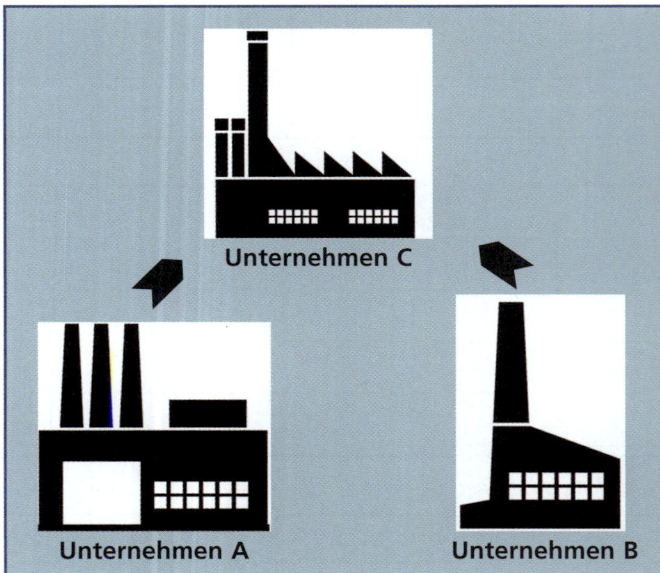

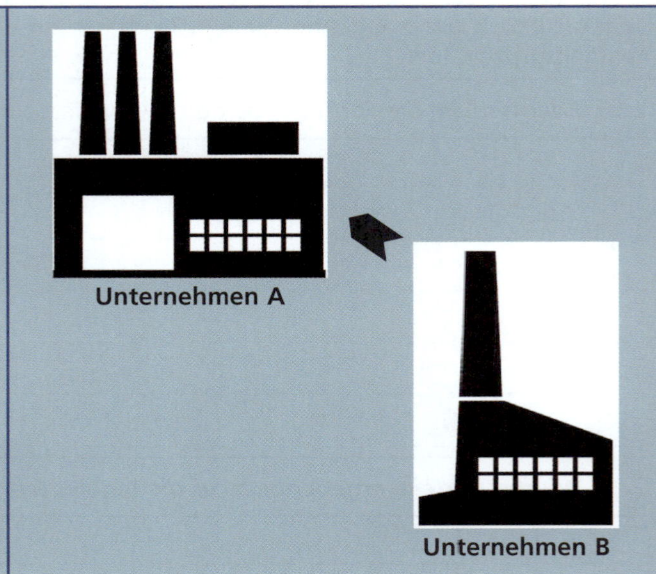

Name: Klasse: Datum:

Adam Smith (1723 – 1790) legte durch seine Gedanken die Grundlage für eine freie Marktwirtschaft. Er sprach sich gegen alle Bevormundung der wirtschaftlichen Tätigkeiten durch den Staat aus. Dem Staat kommt lediglich die Aufgabe zu, die Person und das Eigentum zu schützen und die bestehende Ordnung zu garantieren. Alle staatlichen Eingriffe werden abgelehnt („Nachtwächterstaat“).

Mark S. (Unternehmer):

Ich bin der Überzeugung, dass eine konsequente Umsetzung der freien Marktwirtschaft eine Riesenchance für Deutschland bieten würde. Gewinnstreben, Bezahlung nach Leistung und Existenzkampf im Leistungswettbewerb sind doch die besten wirtschaftlichen Antriebskräfte. Zu Zeiten Adam Smiths wurden große Errungenschaften durch das Streben des Einzelnen nach Gewinn hervorgebracht. Mit der Dampfmaschine wurde eine Technologie entwickelt, von der die ganze Menschheit profitiert hat. Ich bin sicher, dass durch die freie Marktwirtschaft im Bereich der Technologie noch größere Fortschritte im Sinne aller erzielt werden könnten. Ich bin der Meinung, dass es noch zu viele „schwarze Schafe“ gibt, die sich auf die Sozialleistungen unseres Staates verlassen und nicht bereit sind, zu arbeiten. Man muss sich ja nur mal die Talkshows anschauen ... Die freie Marktwirtschaft würde solche Leute zur Eigeninitiative zwingen und sie könnten sich nicht mehr auf Kosten der anderen ein schönes Leben machen. Auch die vielen gesetzlichen Bestimmungen sehe ich kritisch, seien es beispielsweise Regelungen zum Kündigungsschutz oder Mindestlohnbestimmungen. Diese machen es den Unternehmen oft schwer, zu überleben. Auch der Benzinpreis würde endlich wieder sinken, wenn der Staat nicht mehr wahnsinnig hohe Steuern erheben würde. Und wenn ich dann noch an die enormen Subventionen für zum Beispiel die Landwirtschaft, für Strukturmaßnahmen oder bestimmte Industriezweige denke. Der Staat sollte sich auf den Schuldenabbau konzentrieren, statt nicht wettbewerbsfähige Branchen zu stützen.

Quelle: Autorentext

1. *Stimmen die den Argumenten von Mark S. zu oder würden Sie diese eher ablehnen?*

2. *Erarbeiten Sie sich zunächst die Pro-Argumente von Mark S. für die endgültige Einführung der freien Marktwirtschaft. Tragen Sie Ihre Ergebnisse in die Tabelle auf der folgenden Seite stichwortartig ein.*

Name: **Klasse:** **Datum:**

3. *Was spricht gegen die Freie Marktwirtschaft (Kontra-Argumente)?*
Siehe auch Kapitel 3.2 Merkmale der sozialen Marktwirtschaft im Lehrbuch S. 214 ff.

Ungleichheit macht krank

Viele soziale Missstände gehen auf hohe Einkommensunterschiede zurück

Untersuchungen haben ergeben, dass bei großen Unterschieden zwischen den Einkommen der Gesundheitszustand schlechter und soziale Probleme wie Gewaltverbrechen häufiger sind. Der Stress durch stärkere hierarchische soziale Beziehungen und eine stärkere Statuskonkurrenz löst Krankheiten aus.

Vgl.: Richard Wilkinson: Ungleichheit macht krank, 1/2008, abgerufen unter: www.welt-sichten.org/ [25.10.2012]

Umweltzerstörung kippt - Millionen Menschen sterben

In ihrem jüngsten Umweltbericht haben die Vereinten Nationen ein dramatisches Bild der weltweiten Umweltzerstörung gezeichnet. Demnach sterben jedes Jahr Millionen von Menschen, weil sie verdrecktes Wasser trinken oder schmutzige Luft einatmen. [...] Das Gleichgewicht könne nicht länger gehalten werden. In einigen Erdteilen ist es sogar schon zerstört.

Quelle: n-tv, Umweltzerstörung kippt, 26.10.2007, abgerufen unter: www.n-tv.de/politik/Millionen-Menschen-sterben-article239510.html [25.10.2012]

Pro
Freie Marktwirtschaft
- ______
- ______
- ______

Kontra
Freie Marktwirtschaft
- *Missbrauchgefahr der Freiheitsrechte*
- ______
- ______
- ______
- ______
- ______
- ______
- ______
- ______

Fazit: ______

Name: **Klasse:** **Datum:**

In jeder Gesellschaftsordnung greift der Staat ordnend oder gestaltend in das Wirtschaftsgeschehen ein. Er bestimmt durch die Verfassung, durch Gesetze, Rechtsverordnungen und andere Vorschriften den Freiraum für die wirtschaftliche Betätigung seiner Bürger. Das Grundgesetz der Bundesrepublik Deutschland verlangt die Beachtung der Grundrechte, überlässt dem Staat aber weitgehende Möglichkeiten für gesetzgeberische Maßnahmen zu einer aktiven Gestaltung der Wirtschaftsordnung und ihrer Anpassung an die jeweiligen Verhältnisse.

1. *Informieren Sie sich im Grundgesetz der Bundesrepublik Deutschland und geben Sie die Aussagen der im Folgenden angegebenen Artikel mit eigenen Worten wieder.*

Art. 2 (1) GG:

Freie Entfaltung der Persönlichkeit, soweit nicht die Rechte anderer, die verfassungsmäßige Ordnung oder das Sittengesetz verletzt werden

Art. 9 (1, 3) GG:

Art. 12 GG:

Art. 14 (1, 3) GG:

Art. 14 (3) GG:

Art. 15 GG:

Art. 20 (1) GG:

Name: **Klasse:** **Datum:**

Die marktwirtschaftliche Ordnung beruht auf den Vorstellungen von Adam Smith, nach denen die persönliche Freiheit und der Nutzen des Einzelnen im Vordergrund stehen. Der Staat habe für Recht und Ordnung sowie für den Schutz der Bürger zu sorgen und sich aus dem Wirtschaftsgeschehen herauszuhalten. In der sozialen Marktwirtschaft greift der Staat dagegen immer dann ein, wenn Fehlentwicklungen oder Benachteiligungen drohen, die er mit allgemeingültigen (global wirkenden) Maßnahmen zu verhindern bzw. zu korrigieren versucht.

★ **2.** *Zeigen Sie auf, mit welchen Maßnahmen der Staat eingreift, um folgende Nachteile einer freien (liberalistischen) Marktwirtschaft zu bekämpfen.*

Nachteile einer freien (liberalistischen) Marktwirtschaft	Maßnahmen des Staates in der sozialen Marktwirtschaft
Leistungsprinzip Keine Rücksicht auf Leistungsschwache	*Absicherung gegen die Risiken des Lebens durch Sozialversicherungen und Sozialhilfe,*
Abhängigkeit der Arbeitnehmer vom Kapital	
Gefährdung des Wettbewerbs durch Vertragsfreiheit	
Schwankungen der allgemeinen Wirtschaftstätigkeit (Konjunktur)	
Existenzbedrohung für Regionen und Wirtschaftszweige, die dem Wettbewerb nicht gewachsen sind	

3. *Sind folgende Staatseingriffe mit den Grundsätzen der sozialen Marktwirtschaft vereinbar?*

Staatseingriffe	vereinbar	
	ja	nein
Umweltschutzauflagen für die Automobilindustrie	X	
Staatliche Höchstpreise für Benzin und Heizöl		
Kontrolle der Preisgestaltung der Mineralölgesellschaften		
Erhebung einer Benutzungsgebühr für Autobahnen		
Heizkostenzuschüsse für Sozialhilfeempfänger		
Allgemeiner Preis- und Lohnstopp		

Name: ______________________ **Klasse:** ______________ **Datum:** ______________

Merkmale der sozialen Marktwirtschaft

1. *Ergänzen Sie den Text mit den folgenden Wörtern an der richtigen Stelle.*

Wettbewerb, Monopolpreisen, Europäische Zentralbank, aktive Rolle, Marktmacht, Gewinne zu erzielen, Tarifautonomie, dezentrale Planung, Staat, Produktionsfaktoren, freie Marktpreisbildung, Privateigentum, Absatzerwartungen, Angebot und Nachfrage

Die soziale Marktwirtschaft wurde 1948 im Nachkriegsdeutschland eingeführt. Sie ist unter anderem dadurch gekennzeichnet, dass die meisten wirtschaftlichen Handlungen nicht aufgrund einer zentralen, sondern durch eine dezentrale Planung erfolgen. Die Unternehmen planen ihre Produktion aufgrund der ______________ ______________. Die einzelnen Haushalte planen den Einsatz ihrer ______________ (Arbeit, Kapital) und entscheiden über ihre Einkommensverwendung. Ein staatlicher Gesamtplan existiert nicht. Das unternehmerische Handeln wird durch die Chance ______________ bestimmt, aber auch durch das Risiko, Verluste zu erwirtschaften. Der ______________ gilt als wichtigstes Mittel zur Steuerung der Wirtschaft. Er soll verhindern, dass zu große ______________ entsteht. Wettbewerb dient dem Verbraucher zum Beispiel auch als Schutz vor überhöhten ______________. Auch das ______________ an Produktionsmitteln ist gewährleistet (siehe Art. 14 GG), es ist aber auch Staatseigentum (Kollektiveigentum) möglich. Tarifverträge werden auf freier Basis zwischen Gewerkschaften und Arbeitgeberverbänden abgeschlossen. Die Tarifpartner verfügen über eine ______________, das heißt, sie können Löhne und Arbeitsbedingungen autonom aushandeln. Die ______________ ist der wichtigste Mechanismus, der dem Ausgleich von ______________ dient. Es gibt aber auch eine Reihe von Ausnahmen (z. B. Agrarmarkt). Um die Aufgabe als Hüterin der Währung besser wahrnehmen zu können, ist die ______________ unabhängig gegenüber den Weisungen der Regierungen der einzelnen europäischen Staaten. In einer sozialen Marktwirtschaft nimmt der ______________ eine zurückhaltende, aber trotzdem ______________ im Wirtschaftsgeschehen ein.

Quelle: wigy e. V., www.wigy.de

Name: **Klasse:** **Datum:**

2. ***1. Schritt***
Lesen Sie sich die folgenden Aussagen/Merkmale zur sozialen Marktwirtschaft durch. Wählen Sie dann fünf Aussagen aus, die Ihnen besonders wichtig erscheinen. Dabei können Sie auch Aussagen ergänzen. Markieren Sie sich diese.

Nr.	Was kennzeichnet eine soziale Marktwirtschaft? Aussagen/Merkmale	Aus-wahl
1	Freie Berufswahl	
2	Konsumfreiheit	
3	Keine staatlich festgelegten Preise	
4	Arbeitsplatzsicherheit durch Kündigungsschutz	
5	Krankenversicherungspflicht	
6	Arbeitsfähige Arbeitslose, die staatliche Unterstützung erhalten, müssen jede verfügbare Arbeit annehmen	
7	Staatliche Preiskontrollen	
8	Rechtsanspruch auf einen Ausbildungsplatz für Jugendliche	
9	Schutzgesetze für sozial Schwache und Behinderte	
10	Recht auf Privateigentum	
11	Keine staatlichen Eingriffe in das Wirtschaftsgeschehen	
12	Gleicher Einkommensteuersatz für alle Einkommen	
13	Sozial Schwache können, müssen aber nicht, vom Staat unterstützt werden	
14	Staat garantiert nur die innere und äußere Sicherheit	
15	Preise für Grundnahrungsmittel (z. B. Eier, Milch) werden vom Staat subventioniert	
16	Betriebe müssen je nach Beschäftigtenzahl Ausbildungsplätze zur Verfügung stellen	
17	Angehörige müssen an erster Stelle für Bedürftige, Kranke und Behinderte sorgen	
18	Staatlich garantierter Wettbewerb unter den Unternehmen	
19	Arbeitgeber und Gewerkschaften handeln Löhne durch Tarifverhandlungen aus	
20	Anrecht auf ein staatliches Mindesteinkommen	
21	Rechtsanspruch auf eine Wohnung	
22	Staatliche Unterstützung für Betriebe in wirtschaftlicher Not	
23	Anspruch auf Mindestrente	
24	Verpflichtung für jeden, einen Beruf zu erlernen	
25	Staatliche Umweltschutzgesetze	
26	Kein staatlicher Zwang, für eigenen Lebensunterhalt zu sorgen	
27	Der Staat sorgt dafür, dass die Benzinpreise nicht zu stark steigen	
28	Einführung einer Reichensteuer	
29	Staatliche Maßnahmen bei umwelt- und gesundheitsschädlichem Konsum (z. B. Ökosteuer, Tabaksteuer, Dosenpfand)	
30		
31		
32		

2. Schritt
Erläutern, begründen und diskutieren Sie mit Ihren Mitschülern die von Ihnen jeweils ausgewählten Aussagen. Einigen Sie sich dann auf die fünf wichtigsten Aussagen. Erstellen Sie eine Rangfolge von besonders wichtig (= 1) bis kaum wichtig (= 5).

Bei welchen Aussagen bestand Übereinstimmung? Bei welchen Aussagen gab es unterschiedliche Meinungen?

Name: ____________ **Klasse:** ____________ **Datum:** ____________

Die gesamtwirtschaftliche Entwicklung ist weltweit durch wellenförmige Auf- und Abwärtsbewegungen von unterschiedlicher Dauer gekennzeichnet. Als Konjunktur bezeichnet man die Gesamtsituation einer Volkswirtschaft. Sie leitet sich aus der gleichzeitigen Betrachtung verschiedener volkswirtschaftlicher Größen ab.

1. *Ergänzen Sie folgenden Text.*

Der wichtigste Indikator für die Konjunktur ist das ____________________. Es dient als Messgröße für die gesamtwirtschaftlichen Aktivitäten einer Volkswirtschaft. Das BIP ist ____________________

____

2.

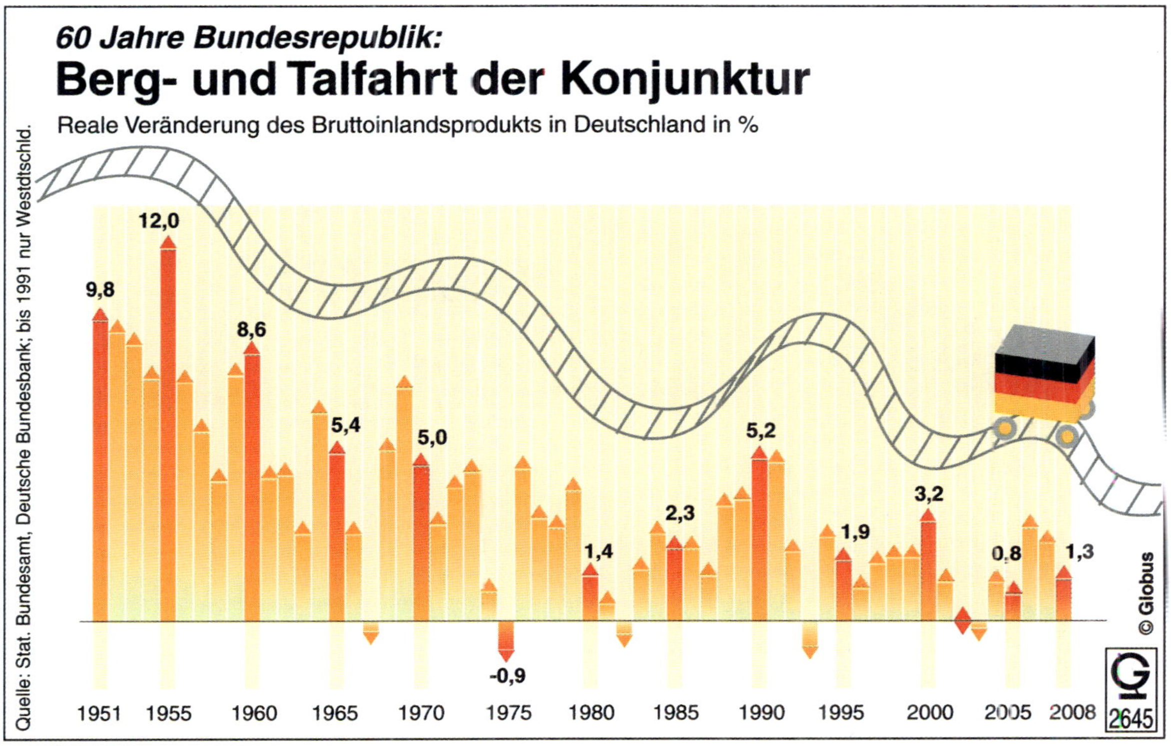

a) *Erläutern Sie den Unterschied zwischen dem nominalen und dem realen Bruttoinlandsprodukt.*

nominal: ____

____

real: ____

____

____

____

Name: Klasse: Datum:

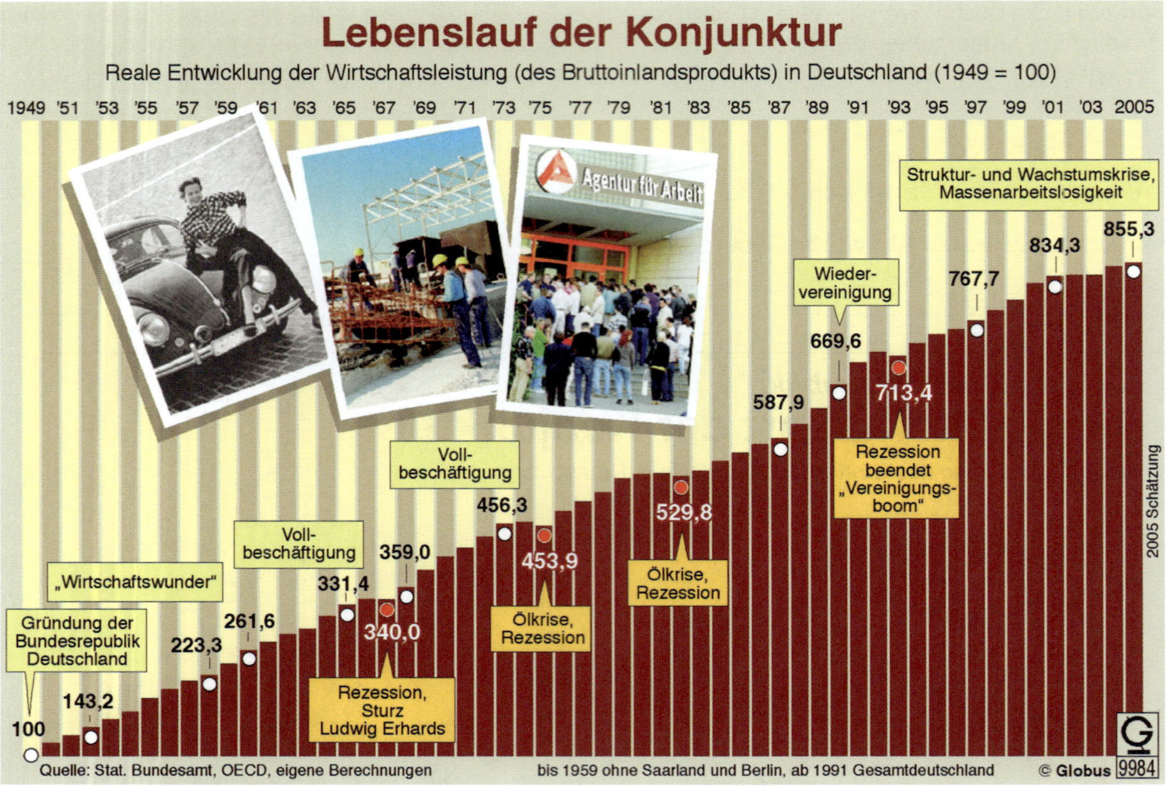

Markante konjunkturelle Ereignisse:

1951: 1. Hochpunkt (Boom): sog. „Fresswelle" nach dem zweiten Weltkrieg } „Wirtschaftswunder"
1955: 2. Hochpunkt (Boom): sog. Kleidungswelle nach dem zweiten Weltkrieg
1960: 3. Hochpunkt (Boom): sog. Wohnungswelle, Einrichtungswelle
1965: 4. Hochpunkt (Boom): sog. Bauwelle
1967: 1. Tiefpunkt (Depression): Konsumgütermärkte sind zum ersten Mal nach dem 2. Weltkrieg gesättigt, bisherige Wirtschaftsraten gehen zurück
1969: 5. Hochpunkt (Boom): sog. Reisewelle
1975: 2. Tiefpunkt (Depression): erste Ölkrise, sprunghafter Anstieg der Inflation
1982: 3. Tiefpunkt (Depression): zweite Ölkrise
1993: 4. Tiefpunkt (Depression): Zusammenbruch der ostdeutschen Industrie
2003: 5. Tiefpunkt (Depression): Gründe: globale Wirtschaftslage, Terrorangst, Strukturkrise

b) Welche Aussagen lassen sich zu den Veränderungen und der langfristigen Entwicklungen des BIP anhand der Grafiken machen?
Gehen Sie dabei auch auf die wesentlichen Ereignisse ein, die für die Entwicklung ursächlich waren.

Veränderung des BIP in Deutschland:

langfristige Entwicklung des BIP in Deutschland:

Name: **Klasse:** **Datum:**

1. *a) Ergänzen Sie den idealtypischen Konjunkturzyklus, indem Sie die folgenden Begriffe an der richtigen Stelle in der Grafik unten einsetzen.*

Boom (Hochkonjunktur)

Abschwung (Entspannung)

Rezession (Depression)

Aufschwung (Erholung)

Tiefpunkt

Hochpunkt

Löhne und Preise steigen

Löhne und Preise sinken

Beschäftigungs-zuwachs

Arbeitslosigkeit

Saisonale Schwankungen

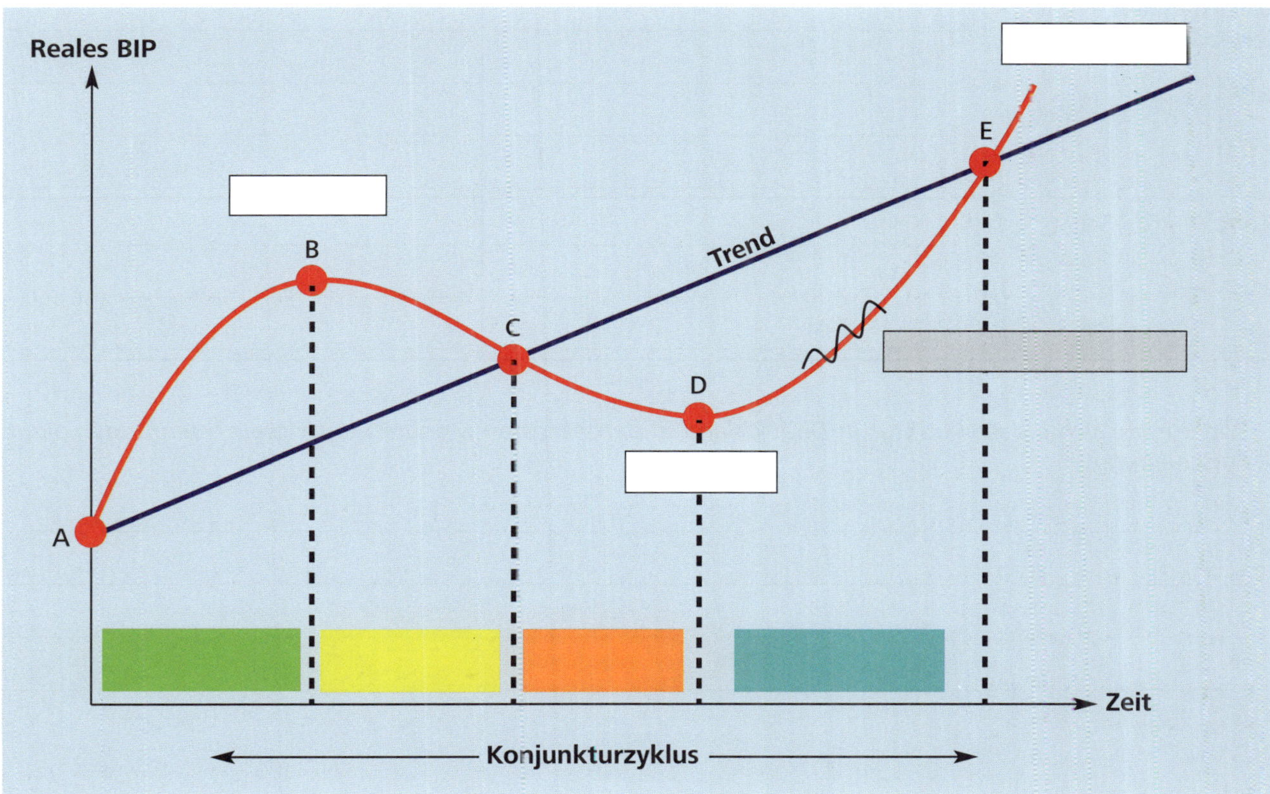

b) An welcher Stelle des Konjunkturzyklus befindet sich Deutschland aktuell? Begründen Sie.

Name: **Klasse:** **Datum:**

2. *Erläutern Sie, weshalb eine Hochkonjunktur in einen Abschwung übergehen kann.*

3. *Sowohl Hochkonjunktur als auch Depression bringen erhebliche Probleme mit sich. Welche nachteiligen Folgen haben diese Phasen für Unternehmer, Arbeitnehmer und für den Staat?*

Nachteile für	Hochkonjunktur (Boom)	Krise (Depression)
Unternehmer		
Arbeitnehmer/ Verbraucher		
Staat		

4. *Wie könnte sich die Konjunktur in Deutschland in den nächsten Monaten entwickeln? Begründen Sie Ihre Entscheidung.*

Name: **Klasse:** **Datum:**

1. *Beschreiben Sie die Karikatur. Erläutern Sie deren Aussage.*
Welche Thematik wird angesprochen und welche Probleme ergeben sich daraus für die soziale Sicherung?

2.

Durch die Staatsverschuldung lebt die jetzige Generation auf Kosten zukünftiger Generationen.
Die Staatsschulden sind auf die Zukunft verschobene Steuererhöhungen, die dann von den nachfolgenden Generationen zu tragen sind.

Vgl. http://de.wikibooks.org/wiki/Ethify_Yourself_Ethisch_leben_und_wirtschaften:_Vermessen

Entwicklung der Staatsverschuldung von Deutschland von 1950 bis 2011 (in Milliarden Euro)

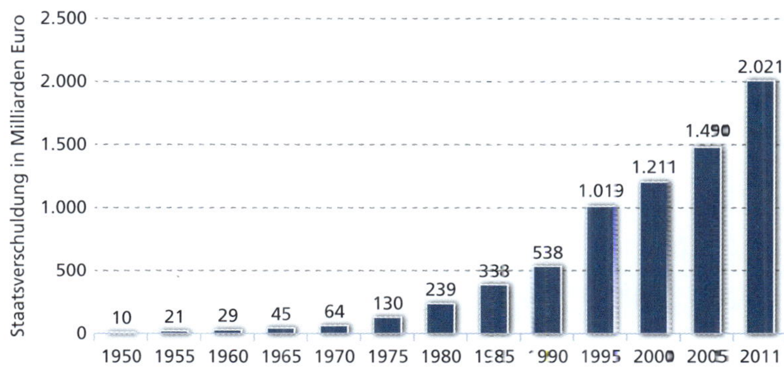

Deutschland; Statistisches Bundesamt, Bund der Steuerzahler; 1950 bis 2011

Quelle: Zahlenmaterial: Statistisches Bundesamt, Bund der Steuerzahler

Wirtschaftliche Grenzen

Staatsschulden können theoretisch in unbegrenzter Höhe aufgenommen werden. Allerdings wird die weitere Geldaufnahme für einen bereits hoch verschuldeten Staat äußerst schwierig, da die Finanzmärkte eine Rückzahlung der aufgenommenen Schulden für sehr fragwürdig erachten (Bonität) und dem Staat somit liquide Mittel entweder gar nicht mehr oder nur noch zu sehr hohen Zinsen anbieten werden. Der verschuldete Staat rutscht so in den Teufelskreis einer Haushaltsnotlage aus immer höheren finanziellen Verpflichtungen (Zinsen und Tilgung bereits bestehender Schulden) und einem immer begrenzteren Zugang zum Finanzmarkt. Diese Spirale kann mit dem Verlust der Kreditwürdigkeit oder gar mit der Zahlungsunfähigkeit des Staates (Staatsbankrott) enden.

Vgl. http://de.wikibooks.org/wiki/Ethify_Yourself_Ethisch_leben_und_wirtschaften:_Vermessen

Welche Auswirkungen hat eine hohe Staatsverschuldung und warum ist ihre Begrenzung so wichtig?

Name: **Klasse:** **Datum:**

3. *Durch das Stabilitäts- und Wachstumsgesetz ist der Staat verpflichtet, gleichzeitig vier Ziele der Wirtschaftspolitik anzustreben.*

a) Nennen Sie diese.

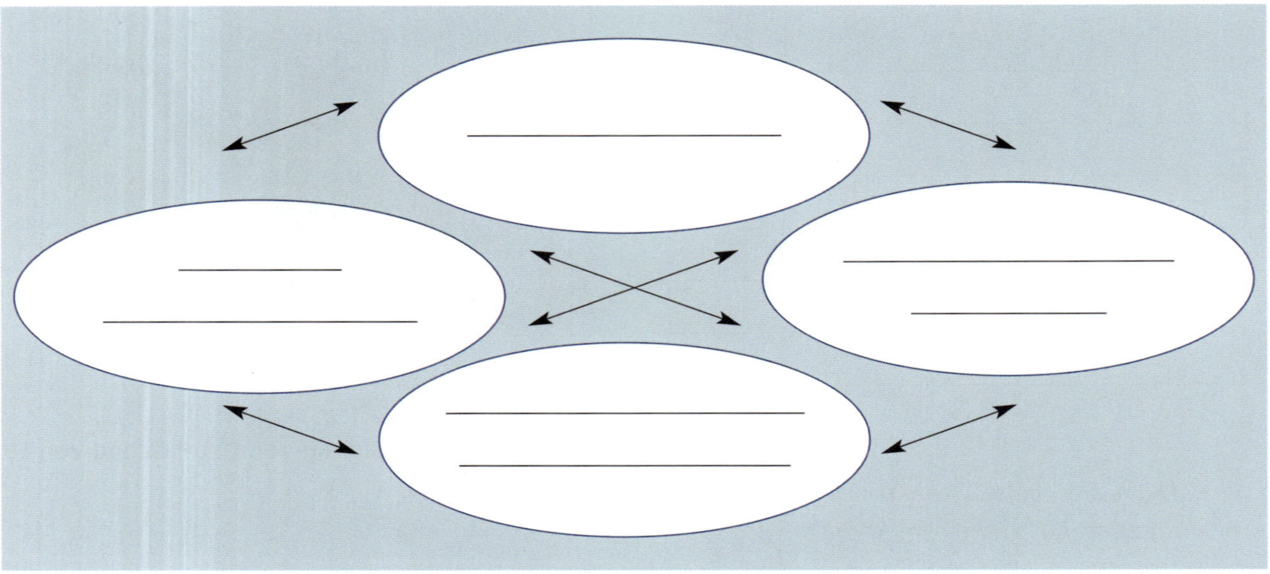

b) Weshalb spricht man auch von einem magischen Viereck?

4. *Beschreiben Sie einen Zielkonflikt und eine Übereinstimmung (Zielharmonie).*

Zielkonflikt:

Zielharmonie:

5. *In einem Industrieland haben sich das reale Bruttoinlandsprodukt und die Anzahl der Beschäftigten wie folgt entwickelt:*

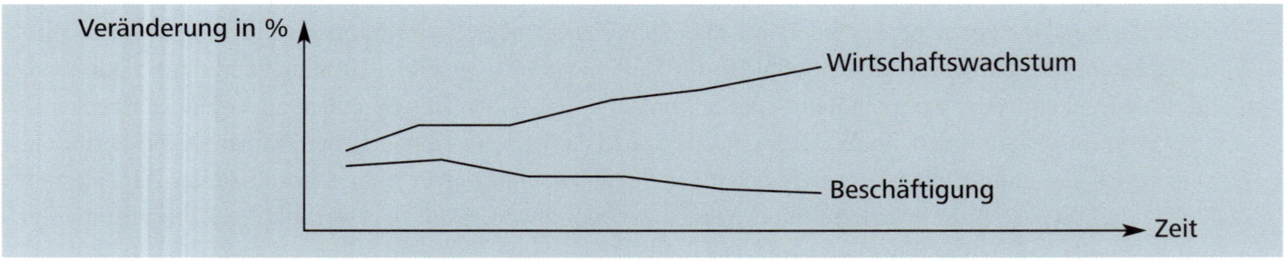

Beschreiben Sie die Entwicklung der beiden Größen. Wie kann der unterschiedliche Verlauf erklärt werden?

Name: **Klasse:** **Datum:**

Die öffentlichen Haushalte des Bundes, der Länder und der Gemeinden finanzieren ihre Ausgaben in erster Linie durch die Erhebung von Steuern. Bei den Kommunen spielen auch die Einnahmen aus Gebühren und Beiträgen eine wichtige Rolle. Reichen diese ordentlichen Einnahmen nicht aus, so müssen die fehlenden Mittel durch die Aufnahme von Krediten beschafft werden.

1. *Unterscheiden Sie Steuern von Gebühren und Beiträgen und nennen Sie Beispiele.*

2. *Der Staat erhebt Abgaben in erster Linie zur Finanzierung seiner vielfältigen Aufgaben.*
Nennen Sie die Hauptausgabenbereiche von Bund, Ländern und Gemeinden.

Bund	Länder	Gemeinden

3. *Darüber hinaus verfolgt der Staat mit der Erhebung von Abgaben, insbesondere mit den Steuern, weitere politische Zielsetzungen. Welche Ziele stehen in folgenden Fällen im Vordergrund?*

Erhöhung der Mineralölsteuer

Steuerfreier Grundfreibetrag und steigende Steuersätze bei der Lohn- und Einkommensteuer

Erhöhung der Lohn- und Einkommensteuer um 10 % während einer Hochkonjunktur

Befreiung der Unternehmen einer Krisenregion von der Gewerbesteuer für fünf Jahre

Name: **Klasse:** **Datum:**

4. *Anke und Ines befinden sich im dritten Ausbildungsjahr. Ihre Ausbildungsvergütung beträgt 865,00 EUR/Monat. Bei Anke wird keine Lohnsteuer einbehalten. Ines ist bereits verheiratet, ihr werden 90,33 EUR abgezogen. Ihr Ehemann Jörg verdient 2.460,00 EUR/Monat, bei ihm beträgt die Lohnsteuer 122,83 EUR. Ines meint: „Die Lohnsteuer holen wir uns im nächsten Jahr wieder zurück, denn wir haben hohe Werbungskosten." Anke ergänzt: „Mit der Steuerreform wurde zwar die Lohnsteuer gesenkt, dafür aber die Mehrwertsteuer erhöht. Das halte ich für unsozial."*

a) *Weshalb bleibt Anke steuerfrei, während bei Ines Lohnsteuer einbehalten wird?*

b) *Wie ist es zu erklären, dass Ines trotz ihres geringen Einkommens eine ähnlich hohe Lohnsteuer wie ihr Mann zahlen muss?*

c) *Wann bzw. auf welchem Weg kann man zu viel bezahlte Lohnsteuer „zurückholen"?*

d) *Ines spricht von hohen Werbungskosten. Was meint sie damit?*

e) *Aus welchen weiteren Gründen kann sich ein Antrag auf Lohnsteuerrückerstattung lohnen?*

f) *Weshalb bezeichnet Anke die Senkung der Lohn- und Einkommensteuer bei gleichzeitiger Erhöhung der Mehrwertsteuer als unsozial?*

Name: ______________________ **Klasse:** ____________ **Datum:** ____________

1. *Unternehmerischer Tätigkeit liegt das erwerbswirtschaftliche Prinzip zugrunde. Was versteht man unter diesem Prinzip?*

____

____

2. *Unternehmerische Tätigkeit ist aber auch nach dem ökonomischen Prinzip (Wirtschaftlichkeitsprinzip) auszurichten. Erläutern Sie das ökonomische Prinzip.*

____

____

____

____

3. *Ergänzen Sie mithilfe der Begriffe: Kunden, Gewinn, erfolgreich, Eigentümer, Mitarbeiter.*

Um ____________ am Markt bestehen zu können, sind die Interessen der ____________, ____________ und ____________ zu berücksichtigen. Ein angemessener ____________ ist Voraussetzung zur Erfüllung der Ziele des Unternehmens.

★ **4.** *Erwerbswirtschaftliche Unternehmen verfolgen ein ganzes Zielbündel. Nennen Sie vier wesentliche Unternehmensziele erwerbswirtschaftlicher Unternehmen.*

____

____

____

____

5. *Ergänzen Sie:*

Öffentlichen Unternehmen – auch sogenannte Wirtschaftsbetriebe der ____________ – sind nach dem ____________ ausgerichtet. Sie sind im Bereich der ____________ ____________ angesiedelt.

★ **6.** *Ordnen Sie den genannten Unternehmungen durch Ankreuzen die entsprechende* ***Unternehmensart*** *und das prägende* ***Unternehmensziel*** *zu.*

Unternehmungen	e U	ö U	G_{max}	Bd
Straßenmeisterei				
Discounter				
Baumaschinenhersteller				
Kreiskrankenhaus				
Taxiunternehmung				
Städtischer Nahverkehrsbetrieb				
Bundeswehrkrankenhaus				
Handwerksbetrieb				
Textilfachgeschäft				

Legende:
e U = erwerbswirtschaftliches Unternehmen
ö U = öffentliches Unternehmen
G_{max} = Gewinnmaximierung
Bd = Bedarfsdeckung

Name: ______________________ **Klasse:** ______________ **Datum:** ______________

8. *Erläutern Sie anhand eines Beispiels (z. B. aus Ihrer Heimatgemeinde), dass öffentliche Unternehmen nach dem Bedarfs- und Kostendeckungsprinzip wirtschaften.*

____

____

____

____

★ **9.** *Gemessen am wirtschaftlichen Erfolg wird die Privatisierung öffentlicher Unternehmen gefordert und einige öffentliche Unternehmen, wie z. B. die Bahn und Energieerzeuger, sind bereits privatisiert worden. Setzen Sie sich mit diesem Sachverhalt auseinander und nehmen Sie dazu Stellung.*

____

____

____

10. *Ergänzen Sie:*

Bei den Genossenschaften steht nicht die ______________ im Vordergrund, sondern die gemeinsame ______________ ihrer Mitglieder. Sie sind als gemeinschaftliche Selbsthilfe ein ______________ ausgerichtetes Unternehmen.

11. *Nach den durch Mitgliederbeschluss festgelegten Förderzielen unterscheidet man verschiedene Genossenschaftsarten. Benennen Sie die Genossenschaftsart entsprechend der angestrebten Ziele der Mitglieder.*

Förderziel	Genossenschaftsart
Wirtschaftliche Förderung des gewerblichen und landwirtschaftlichen Mittelstandes durch günstige Kredite und Bankgeschäfte.	
Handwerker einer Innung wollen günstige Konditionen beim Bezug ihrer Rohstoffe, Handelswaren und Maschinen erzielen.	
Die Weinanbaubetriebe einer Region vermarkten ihre Weinlese gemeinsam.	
Gemeinsame Finanzierung und Nutzung von Maschinen und Anlagen	

12. *Beschreiben Sie die kennzeichnenden Merkmale der Genossenschaft. Ergänzen Sie:*

Die Genossenschaft ist eine Personenvereinigung mit ______________.

Die Mindestzahl der Gründungsmitglieder sind ______________.

Ihre Mitglieder werden bezeichnet als ______________.

Die Mitglieder sind am Grundkapital beteiligt mit ihren ______________.

Die Haftung beschränkt sich i. d. R. auf ______________.

Alle Genossen sind unabhängig von ihrer Kapitaleinlage ______________.

13. *Nennen Sie die wesentlichen Aufgaben der Organe einer Genossenschaft.*

Generalversammlung: ______________________________

____

Aufsichtsrat: ______________ **Vorstand:** ______________

Name: **Klasse:** **Datum:**

Vom Nebenjob in die Selbstständigkeit

Es war goldrichtig, mit einem mobilen Holzbackofen und Omas Rezept „Die Schwäbische Dinnete“ gegen das Bratwurst-, Steak-, Pizza- und Dönerangebot auf Volksfesten anzutreten. Mit dem schmackhaften Imbiss wird das nostalgische Bedürfnis der Festbesucher bedient. Heute bin ich mit dem mobilen Backofen „Die Schwäbische Dinnete“ auf allen Sommer-, Schützen- und Stadtfesten der Region vertreten. Die Arbeit macht Spaß und ich will wirtschaftlich erfolgreich sein. Bei der Entscheidung zur Selbstständigkeit habe ich mich nicht überschätzt, meine kaufmännischen Kenntnisse waren ausreichend, die Marktanalyse hat die Marktlücke aufgezeigt und meine Ersparnisse haben als Startkapital ausgereicht. Ein größerer Backofen ist geplant und für die nächsten Jahre noch weitere, um mit Partnern noch mehr Standorte und Termine wahrnehmen zu können. Eine Erfolgsgarantie bei der Unternehmensgründung gibt es nicht, aber überlegtes Vorgehen macht das Risiko kalkulierbar.

Quelle: Autorentext

1. *Welche Geschäftsidee führte im nebenstehenden Bericht in die Selbstständigkeit?*

2. *Welche Unternehmensziele werden angestrebt?*

3. *Wie wird die Gründungsperson beschrieben?*

4. *Wie wurde der Weg in die Selbstständigkeit vorbereitet?*

5. *Welche wesentlichen Voraussetzungen sollte die Gründerpersönlichkeit vorweisen können.*

6. *Nennen Sie Charaktereigenschaften, die die Gründer persönlich aufweisen sollten und beim Start in die Selbstständigkeit von Vorteil sind.*

   Charaktereigenschaften von Gründungsperson:

7. *Welche Einflussgrößen sind bei der Standortwahl zu berücksichtigen? Ergänzen Sie die Übersicht.*

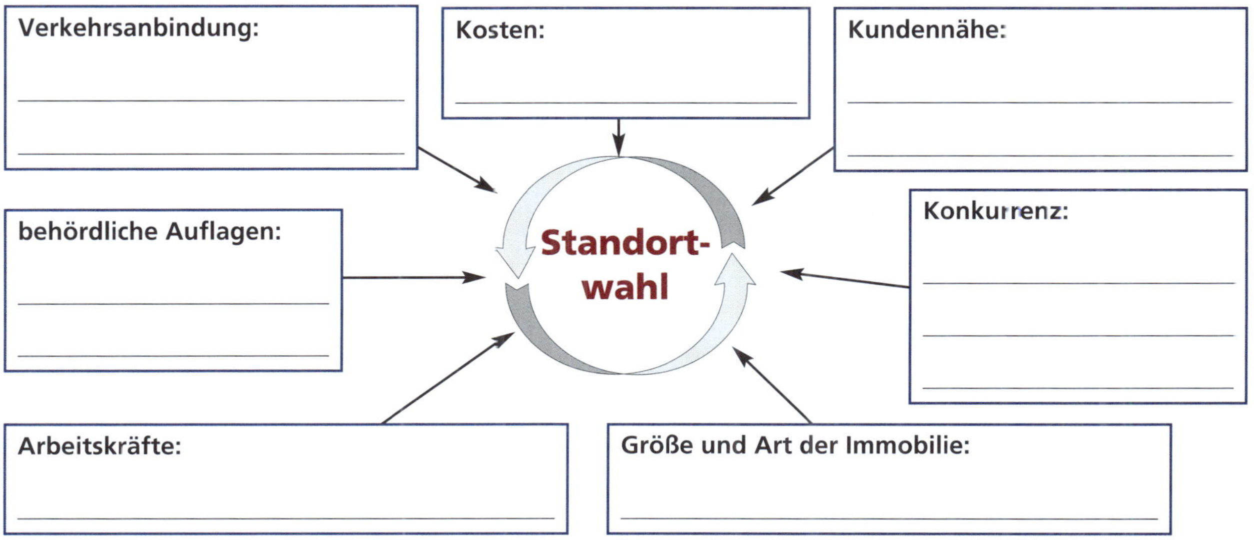

Name: **Klasse:** **Datum:**

8. *Die Standortwahl ist ein Kompromiss zwischen Kostenminimum und Nutzenoptimum. Barbara R. sucht als Friseurmeisterin ein geeignetes Ladengeschäft. Es stehen die Standortalternativen I und II zur Verfügung. Ermitteln Sie mithilfe des Bewertungsbogens den optimalen Standort.*

Standortalternative I:	**Standortalternative II:**
Das Ladengeschäft befindet sich in einer Kreisstadt mit 28.000 Einwohnern und liegt zentral dem Rathaus gegenüber in unmittelbarer Nähe zu einem Lebensmitteldiscounter. Rund ums Rathaus haben vier alteingesessene Handwerksmeister ihre Geschäfte. Renovierung und Einbau von Toiletten geschätzt 60.000,00 EUR. Erforderliche Renovierungszeit ca. sechs Wochen. Die Pacht beträgt 1.800,00 EUR und schließt zwei weitere ausbaufähige Räume ein. Nebenkosten ca. 800,00 EUR. Parkplätze stehen direkt vor dem Laden in ausreichender Anzahl zur Verfügung. Keine Bauauflagen.	Das Ladengeschäft befindet sich in einem Ort mit 8.000 Einwohnern und zwei Friseurgeschäften. Entfernung zur Kreisstadt 19 km. Die Straße wurde vor zwei Jahren zur Fußgängerzone umgestaltet und es haben sich einige Geschäfte neu angesiedelt. Um die Ecke ist ein Fitnessstudio und gegenüber ein kleines Café. Die Miete beträgt 1.050,00 EUR, Nebenkosten ca. 600,00 EUR. Eine Erweiterung ist nur begrenzt möglich. Der Renovierungsaufwand ist gering und wird auf 10.000,00 EUR geschätzt. Ein öffentlicher Parkplatz liegt 10 Minuten entfernt. Werbung am Gebäude wegen behördlicher Auflage nur beschränkt möglich.

Standortfaktoren	**Bewertungsbogen:** Maximale Punktzahlen P_{max} nach der Wichtigkeit der Standortfaktoren.	$P_{max.}$	**Alternative**	
			I	**II**
Kundennähe:	Gibt es ausreichend Kunden mit entsprechender Kaufkraft?	20		
Konkurrenz:	Anzahl und Attraktivität der Konkurrenz	12		
Kosten:	Höhe der Miete, Neben- und Energiekosten, Kaution, Steuern	18		
	Umbau, Renovierung	8		
Verkehrslage:	Erreichbarkeit für Kunden und Lieferanten, Anzahl der Parkplätze	12		
Erweiterung:	Gibt es die Möglichkeiten weitere Räume zu nutzen?	10		
Auflagen:	Behördliche Umwelt- und Bauvorschriften	6		
Arbeitskräfte:	Anzahl vorhandener Fachkräfte, Lohniveau	2		
	Gesamtpunktzahl	88		
	Ergebnis:			

9. *Zeigen Sie die Vorzüge der unterschiedlichen Wege in die Selbstständigkeit auf.*

Betriebsneugründung: ______________________________

____

Betriebsübernahme: ______________________________

____

Kooperation: ______________________________

____

____

Name: **Klasse:** **Datum:**

10. *Franchise-Nehmer sind in der Konkursstatistik seltener zu finden als andere Existenzgründer. Erläutern Sie, was man unter Franchising versteht.*

11. *Das Franchising unterscheidet im Wesentlichen 3 Franchising-Typen. Erläutern Sie diese.*

Vertriebsfranchising:

Dienstleistungsfranchising:

Produktionsfranchising:

12. *Erläutern Sie die Vorteile für den Franchise-Nehmer?*

★ **13.** *Erläutern Sie die Anmeldepflicht für ein neugegründetes Gewerbe.*

Gewerbeamt:

Finanzamt:

Berufsgenossenschaft:

Handwerkskammer:

Industrie und Handelskammer:

Krankenkasse:

Arbeitsagentur:

Handelsregister:

14. *Meist ist eine umfassende Beratung vor, während und nach der Gründungsphase erforderlich.*

Ergänzen Sie:

Die ______ beraten vorwiegend in ______ und verfügen über ______. Um sich unliebsame Überraschungen zu ersparen, sind ______ beim Erstellen von Verträgen erforderlich.

15. **Steuerberater** unterstützen Existenzgründer beim ______ und beraten sie in steuerlichen Angelegenheiten.

Name: **Klasse:** **Datum:**

1. *Mit der Unternehmensgründung stellt sich die Frage nach der richtigen Rechtsform. Ergänzen Sie:*

Die ____________________ des Unternehmens schafft die finanziellen, steuerlichen und rechtlichen ____________________ des Unternehmens. Die Rechtsformen lassen sich in ____________________

____________________ ____________________

und ____________________ einteilen.

2. *Ergänzen Sie die Übersicht mit den Begriffen bzw. deren Abkürzungen: Gesellschaft des bürgerlichen Rechts, haftungsbeschränkte Unternehmergesellschaft, Aktiengesellschaft, offene Handelsgesellschaft, Gesellschaft mit beschränkter Haftung, Kommanditgesellschaft.*

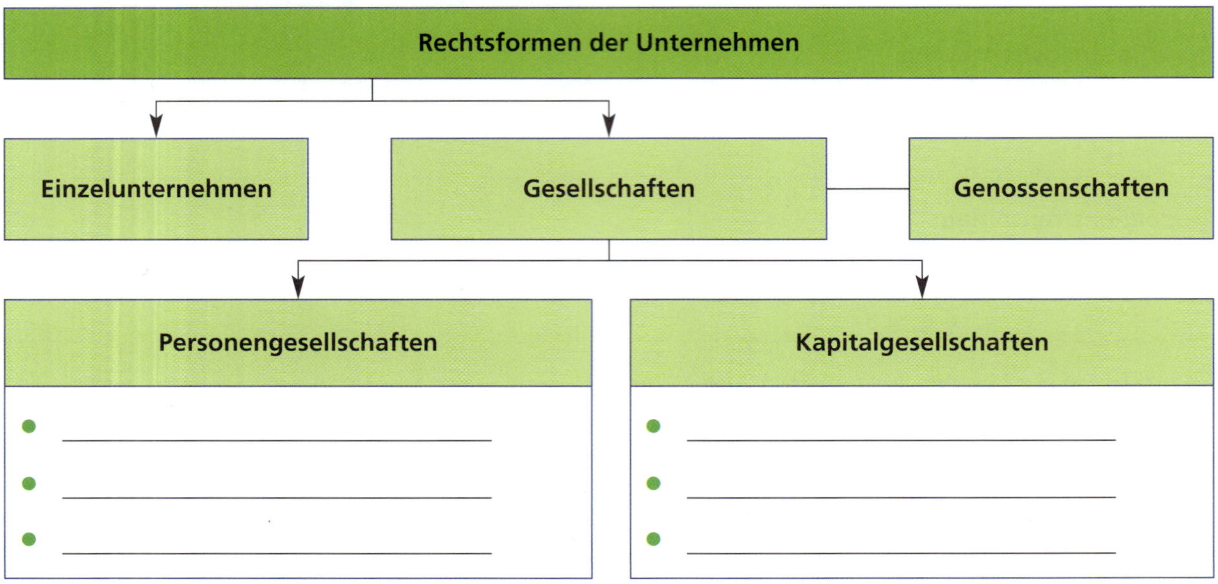

3. *Die Rechtsform des Unternehmens legt fest, in welchem Rahmen der bzw. die Eigentümer unternehmerische Entscheidungen treffen können.*

Fügen Sie die Begriffe – Kreditwürdigkeit, Gründungskapital, Haftungsumfang, Gewinn, Schulden, Geschäftsführung und Steuern – ein.

Die Rechtsform legt fest,
- wer zur ____________________ berechtigt ist.
- wer das erforderliche ____________________ aufbringt.
- wer für die ____________________ des Unternehmens haftet.
- wie groß die ____________________ ist.
- wie groß der ____________________ der/des Eigentümer(s) ist.
- wem der ____________________ zusteht.
- welche ____________________ zu zahlen sind.

4. *Erläutern Sie, was man unter der Vertretungsbefugnis versteht.*

____

____

Name: ______ **Klasse:** ______ **Datum:** ______

Handel, Landwirtschaft und Handwerk sind geprägt durch Einzelunternehmer.

Junger Landwirt setzt auf Marktnische

David D. hat eine Marktnische entdeckt, mit der er sich ein zweites Standbein aufbauen will. Einen Teil seiner Milch vermarktet er selbst und stellt daraus Schulmilch her. Er investierte in eine hofeigene Molkerei. 500 Becher stellt er inzwischen pro Produktionstag her. Bei 1200 Bechern hat er nach seinen Berechnungen die Wirtschaftlichkeit erreicht. Jetzt gilt es, die Schulen und Kindergärten von seinem Produkt zu überzeugen und als Abnehmer zu gewinnen. Seine Milch habe weniger Zucker und die leeren Becher werden abgeholt, zusammengepresst und ins Recycling gegeben. Mit diesem Konzept hofft er, die Schul- und Kindergartenleitungen zu überzeugen. Angestrebt sind 5000 Becher pro Produktionstag. Das Angebot als stellvertretender Chef in einem landwirtschaftlichen Betrieb aus einem Praktikumsaufenthalt in Neuseeland hat er ausgeschlagen. „Daheim habe ich was Eigenes, kann selbstständig agieren. Schon kleine Erfolge motivieren, wenn man sich etwas selbst aufbaut."

Vgl. Schwäbische Zeitung online, Junger Landwirt setzt auf Marktnische, abgerufen unter: http://www.schwaebische.de/region/biberach-ulm/biberach/rund-um-biberach_artikel,-Junger-Landwirt-setzt-auf-Marktnische-_arid,5279138.html_arid,5279138.html, 03.07.2012, [06.01.2013]

1. *Erläutern Sie die wesentlichen Merkmale der Einzelunternehmung bezüglich Geschäftsführung, Haftung, Kreditwürdigkeit, Gewinn und Firmenname.*

Geschäftsführung und Vertretungsbefugnis: ______

Haftung: ______

Kreditwürdigkeit: ______

Gewinn: ______

Firmenname: ______

2. *Nennen Sie stichwortartig die Vor- und Nachteile der Einzelunternehmung.*

Vorteile der Einzelunternehmung	Nachteile der Einzelunternehmung

3. *Welche Gründe könnten einen Einzelunternehmer veranlassen, sein Unternehmen in eine Personen- bzw. Kapitalgesellschaft umzuwandeln?*

Name: **Klasse:** **Datum:**

1. ***Betriebserweiterung:*** *Die Friseurmeisterin Petra B. will mit Sabine K. und Paul M. das Angebot ihres Betriebs erweitern. Sie haben sich auf die Gesellschaft des bürgerlichen Rechts als Unternehmensform geeinigt und werben mit dem Logo „Haar-Punkt GbR".*

Die Gründung der „Haar-Punkt GbR" erfolgte ohne Gesellschaftervertrag. Erläutern Sie in der nachfolgenden Übersicht, welche Befugnisse die Friseurmeisterin als bisherige Einzelunternehmerin an ihre Partner abtritt. Welche Vorteile ergeben sich im Gegenzug aus der GbR?

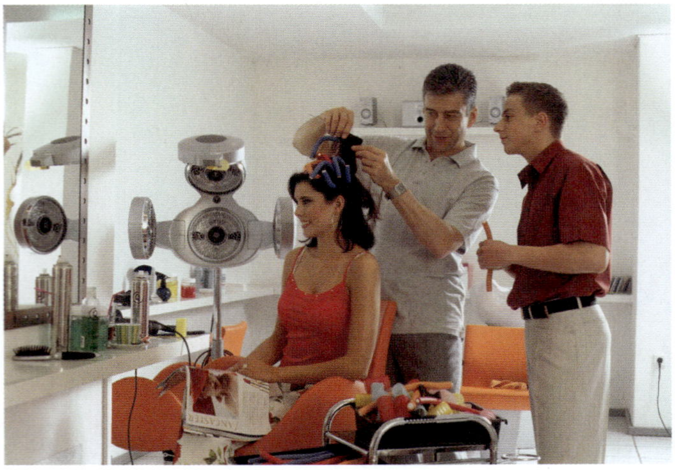

„Haar-Punkt GbR"

→ **Geschäftsführung und Vertretungsbefugnis:**

→ **Haftungsumfang der Partner:**

→ **Gewinnverteilung:**

→ **Gründungskapital:**

→ **Eintrag in das Handelsregister:**

→ **Vorteile:**

2. ***Streitfall:*** *Einer der Gesellschafter erfährt aus der Tageszeitung von der Insolvenz eines Mitanbieters und kauft günstig aus der Zwangsversteigerung Kleingeräte und Einrichtungsgegenstände für die „Haar-Punkt GbR". Erläutern Sie, ob die übrigen Gesellschafter an den Kaufvertrag aus der Zwangsversteigerung gebunden sind.*

3. ***Streitfall:*** *Drei Arbeitskollegen X, Y und Z haben eine Fahrgemeinschaft gegründet. Im wöchentlichen Wechsel stellt einer der Arbeitskollegen sein Auto für die Fahrt zur Arbeit zur Verfügung. Die Mitfahrer beteiligen sich an den Fahrtkosten. Als der Kollege X an der Reihe ist, muss das Fahrzeug erst aufgetankt werden. Da X versehentlich kein Geld dabei hat, streiten sich die Arbeitskollegen, ob der Tankwart nun von Y oder Z die Zahlung einfordern kann. Beurteilen Sie die Rechtslage.*

Name: **Klasse:** **Datum:**

1. *Die „Haar-Punkt GbR" ist sehr erfolgreich, weitere Mitarbeiter wurden eingestellt und der Jahresumsatz wächst auf über 250.000,00 EUR an. Das HGB schreibt vor, dass in diesem Fall die GbR in eine OHG umgewandelt und in das Handelsregister eingetragen werden muss.*
Erläutern Sie in der nachfolgenden Übersicht, wie sich die Befugnisse der Gesellschafter bei der Umwandlung der GbR in eine OHG ändern. Welche Vorteile ergeben sich aus der OHG?

„Haar-Punkt OHG"

→ **Gründung der OHG:**

→ **Rechtsgrundlage:**

→ **Geschäftsführung:**

→ **Haftung:**

→ **Gewinn:**

→ **Vorteile:**

2. ***Streitfall:*** *Petra B., Sandra K. und Paul M. sind Gesellschafter der „Haar-Punkt OHG", die kurzfristig in Zahlungsschwierigkeiten ist. Müllerbach hat gegenüber der OHG aus einer Warenlieferung Forderungen in Höhe von 6.000,00 EUR. Er trifft Petra B. bei einem Besuch an und fordert von ihr die Bezahlung der offenen Rechnung. Beurteilen und begründen Sie die Rechtslage.*

a) Muss Petra B. zahlen?

b) Petra B. hat bezahlt. Hat sie Ausgleichsansprüche gegenüber Sandra K. und Paul M. von je 2.000,00 EUR?

Name: **Klasse:** **Datum:**

1. *Die Kommanditgesellschaft (KG) ähnelt weitgehend der OHG. Zeigen Sie in der Übersicht die wesentlichen Unterschiede der KG gegenüber der OHG auf.*

Kommanditgesellschaft (KG)

→ **Gesellschafter, Geschäftsführung, Haftungsumfang**

Komplementär	Kommanditist

→ **Gewinnverteilung**

→ **Firmenname**

→ **Rechtsfähigkeit, Handelsregister**

★ **2.** *Die richtige Unternehmensrechtsform gibt es nicht. Jede Rechtsform hat Vor- und Nachteile. Ergänzen Sie mit den Begriffen: Vertrauen, Mindestkapital, Kapitalbasis, Kommanditisten, Kapitaleinlagen, unbeschränkt, Komplementär, Mitspracherecht*

Die Personengesellschaft hat gegenüber der Einzelunternehmung durch die ______________ der Gesellschafter eine größere ______________. Zur Gründung ist kein ______________ vorgeschrieben. Bei der KG haften die ______________ nur mit ihren Einlagen. Der ______________ hat in der KG einen großen Entscheidungs- und Gestaltungsfreiraum. Nachteilig bei der KG ist die ______________ Haftung des Komplementärs. In der KG haben die Kommanditisten kein ______________. Bei den Personengesellschaften ist zwischen den Gesellschaftern großes ______________ erforderlich.

3. *Im Gegensatz zu den Personengesellschaften sind die Kapitalgesellschaften unabhängig von der Persönlichkeit der Gesellschafter und deren Mitarbeit im Unternehmen ist nicht erforderlich.*
Nennen Sie die wesentlichen Kapitalgesellschaften und deren Abkürzungen.

Name: **Klasse:** **Datum:**

1. *Trotz ihrer hohen Kreditwürdigkeit ist der jeweilige Haftungsumfang der Firmeninhaber bei den Personengesellschaften von großem Nachteil. Haftungsbeschränkung und Kapitalbedarf prägen die Kapitalgesellschaften. Zeigen Sie in der Übersicht die wesentlichen Grundzüge der Gesellschaft mit beschränkter Haftung (GmbH) auf.*

Gesellschaft mit beschränkter Haftung (GmbH)

→ **Rechtsfähigkeit:** ______

→ **Gründungsbedingungen**

Stammkapital: ______

Anzahl der Gründungspersonen: ______

Gesellschaftsvertrag: ______

Anteil am Stammkapital: ______

→ **Haftung der Gesellschafter:** ______

→ **Haftung der GmbH:** ______

→ **Geschäftsführung:** ______

→ **Kontrollgremium:** ______

→ **Firmenname:** ______

→ **Vorteile:** ______

______

★ **2.** *Eine beliebte Rechtsform ist die GmbH & Co KG. Erläutern Sie die Sonderform der KG.*

______

______

★ **3.** *Begründen Sie die Existenzgründerfreundlichkeit der UG (haftungsbeschränkt)?*

______

______

4. *Die wirtschaftlich bedeutendste Kapitalgesellschaft ist die Aktiengesellschaft. Erläutern Sie mithilfe der Übersicht diese Rechtsform.*

Aktiengesellschaft (AG)

→ **Gründungsbedingungen:** ______

______

→ **Rechtsfähigkeit:** ______

→ **Aufgaben der Organe der Aktiengesellschaft (AG):**

Hauptversammlung: ______

______

______

Aufsichtsrat: ______

Vorstand: ______

Name: **Klasse:** **Datum:**

1. *Ob Autokauf, Unternehmensgründung oder der Ausbau eines bestehenden Unternehmens, jede Investition muss finanziert werden. Die Statistik zeigt auf, dass Finanzierungsfehler die häufigste Ursache für den Weg in die Krise sind. Nennen Sie häufige Finanzierungsfehler.*

2. *Der dargestellte Kapitalbedarf zeigt die wesentlichen Posten, die für Umbaumaßnahmen, Büro- und Betriebseinrichtung, Computer, Maschinen, Geräte und Verbrauchsmaterial benötigt werden.*
Nennen und erläutern Sie im Finanzierungsplan Finanzierungsmöglichkeiten.

Kapitalbedarf
✓ Gründungskosten ✓ Anlagevermögen ✓ Kosten der Anlaufphase ✓ Sicherung der privaten Lebenshaltung
Summe 250.000,00 EUR

Finanzierungsplan – mögliche Finanzquellen	
Summe	**250.000,00 EUR**

3. *Erläutern Sie die Notwendigkeit von ausreichendem Eigenkapital bezüglich Sicherheit, Unabhängigkeit und Vertrauen.*

Sicherheit:

Unabhängigkeit:

Vertrauen:

4. *Meist reichen die Eigenmittel zur Finanzierung der Unternehmensgründung nicht aus. Von der Hausbank erhält man Kredite zur Finanzierung von Betriebsmitteln oder Anlagevermögen. Je nach Finanzierungszweck wird nach kurzfristigen Betriebsmittelkrediten oder mittel- und langfristigen Investitionskrediten unterschieden. Welche Laufzeiten sollten nach den Finanzierungsgrundsätzen beim Fremdkapital beachtet werden?*

5. *Erläutern Sie die Bedeutung des Lieferantenkredits.*

Name: ____ **Klasse:** ____ **Datum:** ____

6. *Die Eigenkapitalquote soll 20 % betragen. Erläutern Sie an einem frei gewählten Beispiel, was man unter der Eigenkapitalquote versteht.*

____

____

7. *Erläutern Sie die genannten Fremdkapitalarten.*

Kontokorrentkredit: ______________________________

Darlehen: ______________________________

8. *Kreditinstitute greifen bei der Kreditvergabe auf die Spareinlagen ihrer Kunden zurück. Dies erfordert ein Höchstmaß an Absicherung. Benennen Sie für die dargestellten Beispiele die jeweilige Kreditabsicherungsart.*

Beispiel	Kreditabsicherung durch:
Die Eltern von Petra B. verpflichten sich, notfalls die Darlehensraten zu übernehmen.	______________
Um einen Kredit abzusichern, räumt Sabine K. der Bank ein Pfandrecht auf ihre Eigentumswohnung ein.	______________
Paul M. kann das Firmenfahrzeug nutzen, aber bis zur vollständigen Tilgung des Kredits liegt der Kfz-Brief bei der Hausbank.	______________

9. Viele Firmen nutzen die Vorteile der Finanzierung durch Leasing.

Ergänzen Sie: Das Leasing ist vergleichbar mit dem ______________ oder ______________. Dem ______________ wird vom ______________ gegen eine ______________ der langfristige ______________ einer Sache gestattet, die nach der im ______________ vereinbarten Zeit zurückgegeben werden muss. Manche Leasingverträge räumen eine ______________ ein.

10. *Erläutern Sie stichwortartig die Leasingarten.*

Direktes Leasing: ______________________________

Indirektes Leasing: ______________________________

★ **11.** *Erläutern Sie stichwortartig die Vorteile bei der Finanzierung durch das Leasing.*

____

____

____

★ **12.** *Welche Nachteile ergeben sich aus der Finanzierung durch Leasing?*

____

____

Name: **Klasse:** **Datum:**

1. *Produktionsbetriebe, z. B. Nutzfahrzeughersteller, und Dienstleistungsbetriebe, z. B. Friseurbetrieb, müssen sich mit ihren Angeboten gegen Mitanbieter durchsetzen. Die Preisfindung setzt voraus, dass man die betrieblichen Kosten kennt. Was versteht man im betriebswirtschaftlichen Rechnungswesen unter Kosten?*

Ergänzen Sie:

Kosten sind der in Geldbeträgen ausgedrückte ______________ oder die ______________ einer Sache bzw. einer Dienstleistung zur Erstellung einer betrieblichen ______________.

2. *Ordnen Sie den betrieblichen Kosten die Kostenarten fix oder variabl zu. Erläutern Sie die Definition der Kosten.*

Betriebliche Kosten	Kostenart	Definition
Miete/Pacht, Zinsen, Steuern, Abschreibungen (Gegenwert für den Wertverlust)		
Materialverbrauch, Fertigungslöhne		

3. *Die Gesamtkosten sind gleich der Summen aus fixen und variablen Kosten. Tragen Sie die fixen und variablen Kosten sowie die Gesamtkosten in die Diagramme (Koordinatensysteme) ein.*

Gesamtkosten = fixe Kosten + variable Kosten

Fixe Kosten

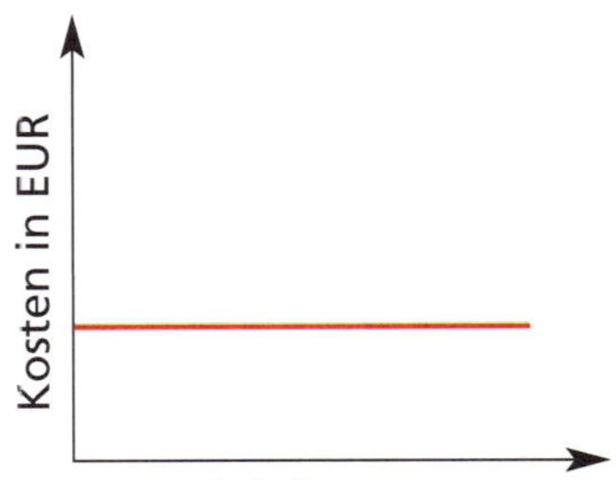

Variable Kosten

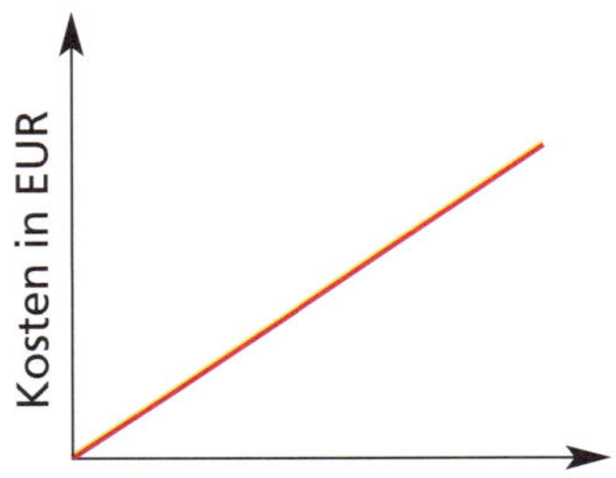

Gesamtkosten

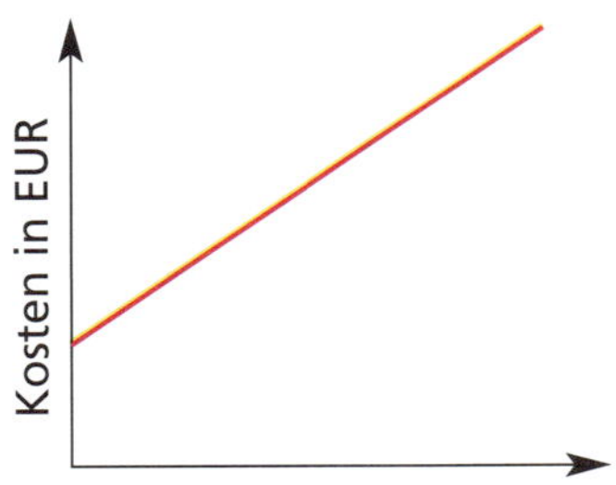

4. ***Beispiel:*** *In einem Unternehmen betragen die fixen Kosten monatlich 32.000,00 EUR. Die variablen Kosten betragen 1,20 EUR je hergestelltes Stück. Berechnen Sie mithilfe der Tabelle die monatlichen variablen Kosten, die Gesamtkosten und die Stückkosten bei verschiedenen Produktionsmengen.*

Produktionsmenge	Fixe Kosten (in EUR)	Variable Kosten (in EUR)	Gesamtkosten (in EUR)	Stückkosten (in EUR)
0	32.000,00	0,00	32.000,00	---
1.000		1.200,00	33.200,00	33,20
2.000				
3.000				
4.000				
5.000				

Name: ______ **Klasse:** ______ **Datum:** ______

1. *Neben der Einteilung der betrieblichen Kosten in fixe und variable Kosten lassen sich die Kosten auch nach ihrer Zurechenbarkeit zur einzelnen betrieblichen Leistung einteilen. Ergänzen Sie:*

Betriebliche Kosten werden entsprechend ihrer ______ unterteilt in ______

und ______.

2. *Für einen Reparaturauftrag sind Ersatzteile für 240,00 EUR erforderlich. Für den Einbau braucht der Geselle mit Unterstützung des Auszubildenden 2,5 Stunden. Verrechnungssätze: Geselle 25,20 EUR/Stunde, Auszubildender 10,50 EUR/Stunde. Für die Ausführung der Reparatur werden die betrieblichen Kleingeräte, Werkzeuge und Anlagen benutzt. Neben seiner Verwaltungstätigkeit nimmt der Meister Aufträge entgegen, berät die Kunden und verteilt die Arbeitsaufträge auf die Mitarbeiter. Die Rechnungen werden im Büro geschrieben, Löhne rechnet das Lohnbüro ab. Sortieren Sie die Kosten nach Einzel- und Gemeinkosten.*

Einzelkosten: ______

______

______

Gemeinkosten: ______

______

______

3. *Mit der Kostenträgerrechnung wird ermittelt, welche Kosten für das einzelne Erzeugnis (Kostenträger) bzw. die einzelne Dienstleistung entstanden sind. Ergänzen Sie:*

______ und ______ können dem einzelnen Erzeugnis (Kostenträger) ______ zugerechnet werden. Die ______ wie z. B. Miete, Verwaltungskosten; Zinsen können den Erzeugnissen nur ______ über ______ zugerechnet werden.

4. *Die Selbstkosten bilden die Grundlage bei der Preisfindung. Nennen Sie drei Kalkulationsarten zur Ermittlung der Selbstkosten.*

Divisionskalkulation, ______

★ **5.** *Die Divisionskalkulation eignet sich für Betriebe, die ein einheitliches Produkt herstellen. Bei der Herstellung einer Produktionsmenge von 80.000 Stück ergaben sich Herstellkosten in Höhe von 480.000,00 EUR. Ein Teil der Produktionsmenge wird eingelagert. Beim Vertrieb der Produktionsmenge von 60.000 Stück entstanden Kosten in Höhe von 120.000,00 EUR. Ermitteln Sie mithilfe der Divisionskalkulation die Selbstkosten.*

$$\text{Selbstkosten} = \frac{\text{Herstellkosten}}{\text{Produktionsmenge}} + \frac{\text{Vertriebskosten}}{\text{Vertriebsmenge}}$$

Selbstkosten = ______ + ______ = ______

★ **6.** *In einem Handwerksbetrieb werden die Selbstkosten mit der einfachen Zuschlagskalkulation ermittelt. Für die Abrechnung eines Auftrags wurden Materialkosten in Höhe von 2.475,00 EUR und Fertigungslöhne in Höhe von 3.650,00 EUR erfasst. Der Handwerksbetrieb rechnet mit einem Gemeinkostenzuschlag von 145 %. Ermitteln Sie die Selbstkosten des Auftrags.*

Materialkosten	______
+ Lohnkosten	______
+ Gemeinkosten	______
Selbstkosten	______

Name: **Klasse:** **Datum:**

7. *In einem Handwerksbetrieb betrugen im zurückliegenden Geschäftsjahr die Gemeinkosten 236.250,00 EUR. Im selben Jahr wurden Löhne in Höhe von 175.000,00 EUR ausgezahlt. Welchen Gemeinkostenzuschlag in Prozent muss der Handwerksbetrieb im Folgejahr bei der Selbstkostenkalkulation berechnen?*

Gemeinkostenzuschlag = $\frac{\text{Gemeinkosten} * 100\,\%}{\text{Lohnkosten}}$ = ______ = ______

8. *Ein Malermeister kalkuliert für ein Auftragsangebot mit Materialkosten von 420,00 EUR, 12 Meisterstunden je 34,00 EUR, 22 Gesellenstunden je 20,50 EUR und 8 Stunden für den Auszubildenden mit 9,50 EUR. Für Gemeinkosten hat er einen Zuschlag von 135 % ermittelt. Ermitteln Sie mithilfe der einfachen Zuschlagskalkulation die Selbstkosten für den Auftrag.*

Materialkosten	
Meister	
Geselle	
Azubi	
Lohnkosten	
Gemeinkosten	
Selbstkosten	

9. *Die „Geräte GmbH" stellt Küchenwaagen her. Für die Kalkulation wurden mithilfe des Betriebsabrechnungsbogens (BAB) die Gemeinkosten in den vier Hauptkostenstellen ermittelt. Für die Marktpreisfindung sollen die Selbstkosten mit der erweiterten Zuschlagskalkulation ermittelt werden. Materialverbrauch pro Waage 14,00 EUR, Fertigungslöhne 8,00 EUR/Waage. Gemeinkostenzuschläge: Material 12 %, Fertigung 145 %, Verwaltung 6 % und Vertrieb 4 %.*

Kalkulationsschema der erweiterten Zuschlagskalkulation			
Fertigungsmaterial			
+ Materialgemeinkosten			
= Materialkosten			
Fertigungslöhne			
+ Fertigungsgemeinkosten			
= Fertigungskosten			
Herstellkosten = Materialkosten + Fertigungskosten			
+ Verwaltungsgemeinkosten		v. Herstellkosten	
+ Vertriebsgemeinkosten		v. Herstellkosten	
= Selbstkostenkalkulation für eine Küchenwaage			

10. *Die Selbstkosten für eine Küchenwaage betragen 38,81 EUR. Mit welchem Angebotspreis kann die „Geräte GmbH" die Küchenwaage anbieten, wenn ein angemessener Gewinn von 25 % angestrebt wird?*

Angebotspreis = Selbstkosten + Gewinnzuschlag = ______

11. *Ein Unternehmen bewirbt sich um die Auftragsvergabe von 1.000 Gelenkbolzen zum Preis von 6.400,00 EUR. Wie hoch dürfen die Selbstkosten sein, wenn ein Gewinn von 10 % verbleiben soll?*

Selbstkosten = ______

Name: Klasse: Datum:

12. *Der Vertrieb der Küchenwaage erfolgt über Außendienstmitarbeiter, die eine Vertreterprovision von 5 % erhalten. Wie hoch ist der zu erzielende Verkaufspreis, wenn der Barverkaufspreis (Selbstkosten + Gewinnaufschlag) aufgerundet 46,60 EUR beträgt? Berechnen Sie die Vertreterprovision in EUR.*

Verkaufspreis = Barverkaufspreis / (100 %–5 %) = ____________________

Vertreterprovision = ____________________

13. ***Berechnen** Sie den **Zielverkaufspreis** für ein Paar Schuhe, wenn folgende Kalkulationsdaten zugrunde gelegt werden. Materialverbrauch 24,50 EUR, Fertigungslöhne 32,20 EUR, Materialgemeinkostenzuschlag 12 %, Fertigungsgemeinkostenzuschlag 220 %, Verwaltungs- und Gemeinkostenzuschlag 14 %, Gewinnaufschlag 15 %, Vertreterprovision 7 %.*

Materialverbrauch

+ Materialgemeinkosten

= Materialkosten

Fertigungslöhne

+ Fertigungsgemeinkosten

= Fertigungskosten

Herstellkosten

+ Verwaltungs- und Vertriebsgemeinkosten

= Selbstkosten

+ Gewinnaufschlag

= Barverkaufspreis

+ Vertreterprovision

= Zielverkaufspreis

14. *Die Mehrwertsteuer beträgt derzeit 19 %. Berechnen Sie den Bruttoverkaufspreis für ein Paar Schuhe aus der obigen Preiskalkulation.*

Bruttoverkaufspreis = ____________________

15. *Erläutern Sie den wesentlichen Unterschied zwischen der einfachen und erweiterten Zuschlagskalkulation.*

Name: **Klasse:** **Datum:**

1. *Um ein Unternehmen zum wirtschaftlichen Erfolg zu führen, reicht Werbung nicht aus. Es ist ein erfolgreiches Marketing erforderlich. Nennen Sie die vier wesentlichen Instrumente des Marketing-Mix.*

2. *Erläutern Sie die Ziele des Marketings.*

3. *Beschreiben Sie die Aufgaben der Marktforschung.*

4. *Erläutern Sie die Ziele von Werbung.*

5. *Was versteht man unter einem Werbeplan?*

6. *Begründen Sie, weshalb im Handwerk und Handel Kundendienst und Kundenberatung erfolgsversprechende Marketinginstrumente sind.*

7. *Erläutern Sie, warum Ökomarketing und Qualitätssicherung wesentliche Marketinginstrumente sind.*